話すための英語力

鳥飼玖美子

JN231085

講談社現代新書

2411

目次

第5講　困った時の方略とは

はじめに——コミュニケーション方略とは何か

「英語を話したい」「英語を話せるようになりたい」というのは日本人の悲願のように思われます。

日本人が「英語ができるようになりたい」と言う時に念頭にあるのは、多くの場合、「英語を話せること」です。読むことが必要だ、書くことが大事だ、と言われても、やっぱり「話したい」のです。すぐに使うかどうかなんて関係ない。ともかく英語を「話してみたい」。それも限りなくネイティブ・スピーカー[1]に近い英語で「話したい」というのが

(1) 日本でよく使われる「ネイティブ」は、英語の native speaker を指しています。本書では、日本語での「母語話者」か、カタカナで「ネイティブ・スピーカー」を使用しますが、引用などで「ネイティブ」を使うこともあります。ちなみに英語の native は、「現地人」の意味で、使い方によっては差別的な表現になります

本音ではないでしょうか。

今や「国際共通語としての英語」なのだから、ネイティブ・スピーカーを真似する必要はない、と言われれば「あ、そうなんだ」と頭では理解するけれど、「ネイティブの英語はやっぱりきれいだな」と思う。「帰国子女はネイティブみたいな英語だから羨ましいな」と思う。某有名私大の国際教養学部では、話す英語で暗黙の序列があるそうです。教員であれ学生であれ、英語ネイティブ・スピーカーが最上位、次が「ネイティブに近い英語」を話す帰国生、最下層が日本で生まれ育ち日本で英語を学んだ「純ジャパ」(純粋ジャパニーズ)。英語ができる人とできない人との間に格差があるのみならず、英語ができる人の間にも格差があるということになります。そしてその判断基準は、「話す英語」がどのくらい流暢か、ということのようです。

幕末、ペリーが黒船を率いて来航してからは、「今にこの日本の国も英語でなければ通じなくなる時が来る」と信じて、いそいそと語学の教師のもとへ通う少女たちの様子が、島崎藤村の『夜明け前』に登場します。*(2) そして、「実用的な英語」、つまり「話せる英語」を求める声は明治時代からありました。

第二次世界大戦後の日本で、敗戦のわずか一ヵ月後に発売となりベストセラーになったのは『日米会話手帳』[*(3)]であり、人気ラジオ番組は、英会話を教える「カムカム英語」[*(4)]でした。「教養英語か実用英語か」という英語教育論争[*(5)]が話題になったのは一九七〇年代で、それ以降、英語教育行政は慢性改革病とでも呼びたいくらいに改革を繰り返してきましたが、それは一貫して「話せる英語」を求めてでした。

二〇一六年は英国がEU離脱を選択、米国では「アメリカ第一」(America First)を主張したトランプ共和党候補が大統領選挙を制し、世界中でグローバリゼーションに反発す

---

(2) 島崎藤村『夜明け前』(一九六九／九二)岩波文庫(初版一九六九年、本書での引用は一九九二年版を使用)第一部 下一六四―一六五頁。一九二九年から三五年まで『中央公論』に連載

(3) 一九四五年九月に発売され、三ヵ月足らずの間に三〇〇万部を売り切ったベストセラー。誠文堂新光社を興した小川菊松の著

(4) 平川唯一によるNHKラジオ「英語会話教室」は、一九四六年二月一日〜一九五一年二月九日、毎週月曜から金曜日までの午後六時から一五分間放送。童謡「証城寺の狸囃子」のメロディーに「英語の挨拶」をのせた「カムカム英語の歌」(Come, come, everybody.)がテーマソング

(5) 平泉渉・自民党議員と渡部昇一・上智大学教授が『文藝春秋』誌上で半年にわたり交わした大論争。鳥飼玖美子(二〇一四)『英語教育論争から考える』(みすず書房)を参照

る逆流現象が渦巻いています。そのような時代に英語一辺倒で良いのか、という疑問がわきますが、でも「英語を話せるようになりたい」という声がおさまる気配はありません。幕末から現在に至るまで、日本人を魅了してやまない「英語」。そして「英語をうまくしゃべれるようになりたい」という見果てぬ夢。

本書は、その夢に心を寄せて書いたものです。

二〇一六年二月に出版した『本物の英語力』（講談社現代新書）は、英語格差を飛び越えるために英語力をつけることを目指し、さまざまな側面から英語を学ぶための「学習ストラテジー」（方略）」を紹介しました。本書も、これだけは身につけて「英語格差」を打破しましょうという姿勢は変わりませんが、今度は英語を話すための「コミュニケーション・ストラテジー」に焦点を当ててみました。英語のstrategyは、「標的を攻略するための全体的な作戦」「目標達成のための計画」という意味で、「戦略」と訳されることが多く、場合によっては「計画」「方策」などの日本語が該当します。「戦略」ですと軍事やビジネスの色合いが濃いので、本書では言語教育分野で使用される「方略」という日本語を使います。

「コミュニケーション能力」の四要素

「コミュニケーション能力[*(6)]」は、次の四要素から成り立っているとされます[*(7)]。

(1)語彙、発音などの言語知識を含む「**文法能力**」
(2)一貫性と結束性をもって書いたり話したりする「**談話能力**」
(3)社会で言語をどう使うか、話し方の規則を知っている「**社会言語的能力**」
(4)コミュニケーションを円滑に進めるための「**方略能力**」

前書の『本物の英語力』では、最初の「文法能力」や二番目の「談話（ディスコース）能

---

(6) 一九六六年に言語人類学者のハイムズ（Dell Hymes）が提唱
(7) Canale, M. (1983) From communicative competence to communicative language pedagogy. In J. C. Richards & R. Schmidt (Eds.). *Language and communication*. Longman.

力」を獲得するための「学習方略」について説明しましたが、本書では、三番目の「社会言語的能力」と四番目の「方略能力」に焦点を当てます。この二つを攻略すれば「コミュニケーション方略」を身につけることになります。

文科省（当時は文部省）が「コミュニケーションに使える英語」を英語教育の目標にしたのが一九八九年告示の学習指導要領ですから、すでに三〇年近くなります。一般社会では企業人も学生も、「何のために英語をやるのか」と問われれば、多くが「コミュニケーションのため」と答えるでしょう。そこで今度の本では、「コミュニケーション方略」を取り上げ、具体的な例を挙げながら、英語を話したいと考えている方々の参考にできたらと考えています。

二〇一六年五月に、英語教育研究の重鎮であり、英語の教科書執筆者として世界的に知られるリチャーズ（Jack Richards）教授が来日した際、NHK「ニュースで英会話」でインタビューをしました。その一部が六月一六日に放送されたので、ご覧になった方もいると思います。

インタビューの中で私が質問した中心的なテーマは、「国際共通語としての英語」

(English as a Lingua Franca)[8]でした。リチャーズ氏は、世界に多様な英語があることをEnglishes「(複数の)英語たち」として認め、それらの英語の間に優劣はないこと、国際共通語として英語が使われるという新たな状況は、英語がもはや英語圏だけのものではなく、世界中の人々の共有財産となったことを意味し、従って英語母語話者を基準として考える必要はないことを明言しました。

英語が共通語として国際コミュニケーションに使われるということは、英語教育においては、これまでのように「英米文化」を教えることが当然とはなりえないことを意味しますが、言語と文化は密接につながっており切り離せないことを考えると、英語教育と異文化理解教育はどう折り合いをつけたら良いだろうか、という質問をしてみました。それに対してリチャーズ氏は前述の「方略」という用語を使って答えました。

You were asking about using English as a medium of intercultural communication, which really means teaching strategies for communication—strategies for dealing

(8) 鳥飼玖美子(二〇一一)『国際共通語としての英語』(講談社現代新書)を参照して下さい

with misunderstanding when there are cultural differences that come up.

「異文化コミュニケーションの手段として英語を使うことについてお尋ねでした。これは、つまりコミュニケーションの方略を教えるということですよね。文化的差異によって誤解が生まれた時にどう対応するかという方略のことですね」

リチャーズ氏は、これまでの研究によれば、会話の参与者が最優先するのは「コミュニケーションの流れを維持すること」(maintain the flow of communication) なので、最近の研究者は let it pass という方略を推奨している、と紹介しました。「こだわらず、心配せず、前に進む」(Let it pass./Let's not worry about it. Let's move on.) という方略です。

確かにそうかもしれないと同感しつつ、こだわらずに話を前へ進めるためには、最低限の知識も必要だと感じました。

本書では、私たち日本人が使うのは「国際共通語としての英語」であることを念頭に置いていますので、「ネイティブ・スピーカーのように話すにはどうしたらよいか」などということは度外視しています。むろん、英語という言語から英米文化をすべて取り去ることはできません。言語から文化を剝《は》ぎ取ることは不可能で、英語の中には英語という言語を支えている文化が否応なく入っているからです。それでも、「誰と話すためのストラテジーか」については、英語を国際共通語として使っている世界中の人々を想定しています。つまり、言語や文化が異なる人々との異文化コミュニケーションに英語を使う、という視点から、うっかり間違えたとしても、気にせず前へ進み、コミュニケーションの流れを保つことを可能にするような、ちょっとした参考になる情報を提供したいと考えています。

第1講　英語で「話す」

現在の日本では「コミュニケーションに使える英語」が強く求められていますが、その際に「コミュニケーション」を狭く考えすぎるきらいがあることは、これまでの著書でたびたび指摘してきました。

「コミュニケーション」は、オーラル・コミュニケーションだけでなく、読むことも書くことも含んだ総合的な営みであるとも力説してきました。その考えに変わりはありませんが、さはさりながら、という気も最近は強くなっています。

英語についていろいろな方々の話を聞いたり相談を受けたりすると、老若男女を問わず、日本の誰もが、「英語を話す」ことに自信がなく、「英語を話したい」と願い、でも「英語を話すことは難しい」と悩んでいるようです。日本人が「英語」と言う時に考えるのは「スピーキング」だと言っても過言ではないような印象です。

二〇一六年九月に、『週刊朝日』（九月二三日号）で作家の林真理子さんと対談をしました。林さんが『本物の英語力』を書店で見つけて買い、読んで下さったことで対談となったようです。私も以前から林さんが書かれた小説やエッセイを読んでいて会ってみたい方だったので、喜んで出かけて行きました。そして驚きました。英会話学校に通ったり英語教材を購入したりあれこれ試しているのに、英語が苦手だというのです。あれだけ言葉に対する鋭い感性を持っている方ですから、英語はできるはずだと思うのですが、むしろ感性が鋭敏だからこそ中途半端な英語に満足できないのかもしれません。作家としての林さんが英語を特に必要としているとも思いませんが、でも「英語を話せるようになりたい」という強い気持ちはひしひしと伝わってきました。私も同じよ、という気持ちの方はきっと多いでしょう。

英語を話せるようになるための土台は文法、先立つものは語彙、そして基礎体力は読むことで身につける、という学習方法を前書『本物の英語力』で説明しました。

その上で、本書では、「英語を話すこと」に焦点を絞って論じたいと思います。

「話す」と一口に言うけれど

「英語で話せるようになりたい」という希望なり願望なりがなかなか成就しないのは、「話す」という行為の複雑さに思い至らず、「日常会話くらいなら簡単だ」と軽く考え、漠然と「ペラペラと流暢に英語をしゃべる自分」を夢見ているからではないでしょうか。「読み書きなら勉強も必要だろうけど、会話くらいならネイティブ・スピーカーに習えば話せるようになるのではないか」という淡い期待というか幻想を、政財界や文科省も含めて多くの人が抱いているように思えてなりません。

ところが、「話す」というのは、実は簡単ではないのです。直視しなければならない現実が三つもあるのです。

現実その一　「時間」の壁

一つ目の現実は、言語習得に要する「時間」です。母語を習得するのは簡単なようでも、実際には時間がかかっています。赤ちゃんが規則を身につけて話せるようになるのは五歳から六歳で、それまでになんと三万時間も言語刺激にさらされているのです。それも終日、周りの人たちから濃密に与えられる母語に浸っての三万時間です。発達心理学の内田伸子・お茶の水女子大学名誉教授によれば、言語の獲得は子供が母親のお腹の中にいる時から始まっているのです。受胎して一八週頃に聴覚のネットワークができ始めると、母親の体内の音である心臓の拍動や血液の流れる音に混じって、外部の音が母親を通して子供に届きます。一八週というほんの小さな段階から、母体を通して言葉を音として聞き始めているわけです。そして生まれて三歳頃になると、新しい言葉を使って他者とやりとりするのに一週間に七〇時間もかけているというのです。それだけの時間を使っているので、結果として、例えば平均的知能の六歳児は一日に二〇語の割合で語彙を増やしていくとされます。*(1)

では外国語である英語を、日本では何時間かけて学習しているかといえば、中学校、高

(1) 内田伸子(二〇〇五)「小学校一年からの英語教育はいらない？——幼児期—児童期の『ことばの教育』のカリキュラム」大津由紀雄(編著)『小学校での英語教育は必要ない！』慶應義塾大学出版会、一〇五頁

校、大学と一〇年間にわたり毎週四時間の授業を受けたとして、その合計は、多く見積もっても、たかだか二ヵ月程度です。五歳児の三万時間にとうてい及びません。「一〇年も英語をやったのに、英語を話せない！」と憤慨することが、いかに理不尽か分かります。なけなしの時間を精一杯使って教えているのが学校英語なのです。

加えて忘れてならないのは、日本社会において、英語は日常的に使う第二言語ではなく、あくまでも「外国語」であることです。日本では日本語が国語ですから、英語が使えなくても日本語が使えれば何の支障もありません。ということは、特に意識しない限り、または仕事で使う場合は別として、普段の生活で日本人が英語を使う必要はそれほどない、という現実があるわけで、日常的に使いながら獲得する第二言語としての英語（ESL＝English as a Second Language）なのか、意識的に学習する必要のある外国語としての英語（EFL＝English as a Foreign Language）なのかは、大きな違いです。

日本における英語が第二言語ではないというのは、植民地になったことがないという歴史を意味しているのですから、実に幸運なことなのです。結果としてEFL（外国語としての英語）環境にある日本に、アメリカでやっているからとESL（第二言語としての英語）教授法や教材を導入しても成功しないのは、考えてみれば当然で、日本の環境に合わせた独自の英語教育や英語教材の開発がなされるべき所以です。

現実その二「距離」の壁

二つ目の現実は、言語間の「距離」です。英語という言語と日本語という言語がかけ離れているという現実は無視できません。

米国国務省に、英語を母語とする外交官などの政府職員を訓練するForeign Service Institute（ＦＳＩ）という機関があります。国務省をはじめ四〇にわたる省庁や軍隊から集まる毎年一〇万人の連邦政府職員に対し、六〇〇もの訓練コースを提供しています。[*(2)]

その中で言語教育を担当するSchool of Language Studiesでは七〇を超す言語を教育しています。通常一クラス四名程度の少人数クラスで、一日に四～五時間の授業、一時間がコンピューター教室、数時間を宿題などの自習に当てるという集中訓練です。[*(3)]

(2) https://www.state.gov/m/fsi/ 二〇一六・一二・一二検索

(3) http://www.foreignservicetest.com/school-for-diplomats-foreign-service-courses-at-fsi/#sthash.Bc1ipnCU.dpbs2016.12.12

到達目標は「自分が専門とする仕事に使えるコミュニケーション力」です。国務省FSIが定めたILR（Interagency Language Roundtable）Scaleでは、0（運用能力なし）から5（母語話者かバイリンガル）まで六段階があり、「自分の専門で仕事ができる言語運用力」（Professional Working proficiency）は、「話す」「書く」ともに3のレベル（Speaking 3 Reading 3）とされています。

さらに、英語母語話者の受講生がその目標を達成するまでにかかる時間によって、各言語を次のような四つのカテゴリーに分類しています。[*(4)]

カテゴリーⅠ：「英語と密接な語族関係にある言語」（Languages closely cognate with English）

デンマーク語、オランダ語、フランス語、イタリア語、ノルウェー語、ポルトガル語、ルーマニア語、スペイン語、スウェーデン語の九言語。目標達成までに二四〜三〇週間（六〇〇〜七五〇授業時間）かかる。

カテゴリーⅡ：「カテゴリーⅠより習得に少し長くかかる言語」（Languages that take a little longer to master than Category I languages）

ドイツ語、ハイチ・クレオール語、インドネシア語、マレー語、スワヒリ語の五言語。目標達成までに三六週間（九〇〇授業時間）。

カテゴリーⅢ：『困難な言語』「英語とは言語的文化的に相当な違いがある言語」（“Hard languages” Languages with significant linguistic and/or cultural differences from English）

アルバニア語、ビルマ語、ロシア語、タガログ語、タイ語、ベトナム語など五〇言語が掲載されていますが、すべてを網羅してはいないと注意書きがあります。目標達成までに四四週間（一一〇〇授業時間）。

カテゴリーⅣ：『超困難な言語』「英語母語話者には極めて難しい言語」（“Super-hard languages” Languages which are exceptionally difficult for native English speakers）

アラビア語、中国語（広東語と北京語）、日本語、韓国語の四言語。目標達成までに八八週間（二二〇〇授業時間）。

---

(4) http://www.state.gov/documents/organization/247092.pdf 二〇一六・一二・一二検索

この分類表は更新されることもあり、すべての言語が入っているわけではありませんが、「日本語」は常に最難関の言語に分類されています。

立場を逆に変えてみれば、私たち日本人が英語をある程度使えるようになるには、八八週間集中的に特訓しなければならないということです。朝から晩までガンガン英語を特訓して約一年半です。その上に半年くらいは留学した方が良いとさえ推奨されているのです。それほど英語と日本語とは言語文化的に距離があるのです。それなのに日本の学校では一〇年間で二ヵ月くらいしか英語を学習していないのです。もちろん集中的な特訓などやっていません。その割には日本人学習者は英語が良くできるなあ、と感心するほどです。

現実その三 「外国語不安」の壁

三つ目は、心理的要因です。具体的には、「不安」という厄介な現実です。そもそも人と話す際の「対人コミュニケーション不安」は誰でも持っていますが、日本人は母語であっても人とコミュニケーションする際の不安が大きいという研究結果があります。*(5)

加えて、どの国のどんな人であれ、外国語を使う際の不安（language anxiety）は必ずありますが、「読み書き」より「聞く話す」方が不安感が大きくなります。事前に準備したり辞書を調べたりできる読み書きと違い、聞く際には「相手は一体何を言い出すのだろう」「聞き取れなかったらどうしよう」と不安になります。話す際には「何をどうやって話そう」「間違えたらどうしよう」「単語を思いつかなかったらどうしよう」と不安に襲われ、「他人の前でみっともない英語をしゃべりたくない」と自分の英語運用能力や他人の評価が心配になりますし、下手な英語をしゃべっている我が身の情けなさに自尊心がいたく傷つきます。

加えて、異文化に接触する際の、予測不能な未知への恐れから来る不安もあります。自分ではどうにもならない心理状態です。

「不安」という心理状態を軽視できないのは、英語の授業で恥をかいたり、先生から叱られるなど不快な思いをすると、英語の授業に出るだけで不安感に苛《さいな》まれることがあるからです。こうなると英語を学ぶどころではありません。

このような不安感はないに越したことはないのでしょうが、人間という動物は「不安」を感じるのがむしろ自然なようです。「英語を話すことに不安を感じるのは人間として当

(5) 八島智子（二〇〇四）『外国語コミュニケーションの情意と動機』関西大学出版部

たり前だ」と割り切って、不安を受け入れながら、それを乗り越えていくことを考えるのが解決方法かもしれません。

見方を変えれば、「習得にかかる時間」「言語間の距離」という現実を直視することで、不安という「心理的な障壁」を乗り越えることができるのではないでしょうか。

言語社会独自の決まり

そもそも考えてみれば、コミュニケーションという行為自体が、単純なものではなく、生やさしいことではないのです。情報伝達だけに限らず、自身の気持ちを吐露し考えを説明し、喜びや怒りなどの感情を伝え合い、交渉したり議論したりして着地点を模索するなど、相互理解を求めての努力とも言えます。そして、そのようなコミュニケーションは、参加者それぞれがよって立つ歴史的かつ社会文化的なコンテクストの中で生まれるだけでなく、コミュニケーションという相互行為を通して新たなコンテクストも創出するのです。コンテクストという周囲の環境や状況に依存する度合いが低い文法と違い、言葉が行為として使われるコミュニケーションは、相手との関係や文化的背景、その場の状況などコンテクスト依存性が極めて高いのです。そして相互のやりとりを通して参与者同士が意識しないまま新たなコンテクストを作り出していくという意味で、コミュニケーションは実に動的な出来事[*(6)]なのです。

コミュニケーションが一般に考えられているような、「話し手がメッセージを送信し、聞き手が受信する」というだけの単純なものではないことを前提に、「話す」というコミュニケーション行為に焦点を当ててみます。

東京大学の合格を目指して開発されていた人工知能（ＡＩ）の「東《とう》ロボくん」が東大受験を断念したと報じられました。[*(7)]「大学入試センター試験模試でも合格レベルに達しなか

---

(6)　コミュニケーションを「出来事」（event）として理論化したのは、言語学者でありコミュニケーション研究者であるヤコブソン（Roman Jakobson）です。詳しくは、小山亘（二〇一二）『コミュニケーション論のまなざし』（三元社）が入門書として参考になります

(7)　朝日新聞、二〇一六年一一月一五日（火）社会面「東ロボくん　東大届かず　13年度から挑戦　人工知能　英語克服できず」（山崎啓介）

った」と国立情報学研究所が発表したのですが、英語で苦戦したとのことです。偏差値で見ると世界史は66・3と高得点で、教科書やインターネットの大量の情報をもとに解答するのは得意な東ロボくんですが、英語の偏差値がリスニングが36・2、筆記が50・5と低かったのは、「複数の文章を総合的に理解して解答するのが苦手で克服できなかった」からだとされます。人工知能の開発が進み教育現場でも活用され、ＡＩに負けない、人間ならではの能力を育むことが課題になっていますが[*8]、外国語やコミュニケーションの分野で必須の「コンテクストを読みとること」は人工知能には無理だというのが、東ロボくんが解答できなかった会話文を見ると分かります。どういう状況で、どのような相手に対して、どういう意図でなされている発話なのかというコンテクストを瞬時に総合的に理解することは人間でしかできないことでしょう。大量のデータを記憶することでは人工知能にかないませんが、コンテクストを汲みとって相手の発言の意図を摑《つか》むことは人間が勝るはずで、だからこそ自動通訳機が登場しても重要な場では人間の通訳者が欠かせないのだと思います。

英語にせよ、どんな言語にせよ、「話す」という行為には幾つかの要素が絡んでくるので、これをわきまえるのが先決です。

まず、会話の参与者として話し手と聞き手がいます。次に、使われている言語は何なのか、意思疎通の手段は文書か口頭かジェスチャーかも大切な要素です。コミュニケーションが行われている場面や状況、会話かディベートかスピーチかなどのジャンルや形式、何を話しているのかという話題（トピック）もコミュニケーションの要素として考えられます。

このようにコミュニケーションを成立させる要素を列挙してみせた言語人類学者のハイムズ（Dell Hymes）は、言語が使われている社会には明示的にせよ暗黙にせよ、それぞれ独自の文化による決まり（rules of communication）があると指摘しました。*(9)

つまり、日本語には日本語独自のコミュニケーション上の決まりがあり、それは必ずし

(8) 朝日新聞、二〇一六年一一月一七日（木）社会面「AI先生 教室へ 理解度解析し出題 人間の講師は声かけ専念 人ならではの力 育む試みも」（前田育穂、杉山麻里子）

(9) Hymes, Dell (1974) *Foundations in sociolinguistics: An ethnographic approach*. University of Pennsylvania Press.

も英語での決まりと同じではありません。日本語を母語とする人間は、わざわざ考えないでもたいていは自然に日本社会で容認される妥当な日本語を話しますが、それは生まれてからずっと、周囲の大人から自然に吸収したり、間違いを正されたりして身につけたからできることです。

英語を話すのが難しいのは、日本語として身についている決まりとは異なる言語文化的な規範でコミュニケーションが成立する外国語だからで、だから「こんなに学校で文法をやったのに、話せない」となるのは、やむをえないとも言えます。文法規則は話すための基礎になりますが、円滑なコミュニケーションが成立するには、言語能力に加えて話し方の決まりというか暗黙の約束事も必要になるわけで、これは母語でない言語の場合には一朝一夕には習得できません。コミュニケーションは情報伝達だと考えられがちですが、実際にはそれだけにとどまらない複雑な相互行為と言えるので、会話の本や参考書で網羅することはできませんし、いわんや学校の授業で包括的に取り扱うことなど時間的に無理です。留学したりホームステイしたりして現地に滞在するか、映画を観たり小説を読んだりした上で、実際に使ってみて試行錯誤するしかないのです。

そのように特定の言語が話されているところを観察する際に、どうしても陥りがちなのは、自分の文化を中心に解釈し（自文化中心主義）、自分が抱いているコミュニケーション観に基づいて判断してしまうことです。それを戒めて、前述したハイムズは、異なる文化におけるコミュニケーションを理解する上で役に立つ枠組みを提案しました。頭文字をとってSPEAKINGとして知られ、次の八つの要素からなります。

場（Setting/Scene：コミュニケーションが生起している場）、**参与者**（Participants：コミュニケーションに参加している人々）、**目的**（Ends：コミュニケーションが行われる目的）、**行為連鎖**（Act sequence：特定の会話の前後を含めて起こる一連のコミュニケーション）、**調子**（Key：ふざけているのか深刻なのかなど）、**メディア**（Instrumentalities：音声なのか文字なのか視覚なのかなど）、**規範**（Norms：コミュニケーションについての規範）、**ジャンル**（Genre：雑談なのか交渉なのか学術発表なのか等々）です。この枠組みは、実際に起きているコミュニケーションを社会文化的な出来事として記述し研究するために考案されたものですが、英語学習者にとって参考になる部分があります。

コミュニケーションとは、特定の場で参与者が目的を持って取り組む一連の流れであって、それは話し言葉か書き言葉かなどによって異なり、真面目な話なのか冗談を言っているのかなどの違いや、日常会話かスピーチかなどの種類によっても左右されること。そして目に見えない文化的規範がコミュニケーションの参与者にも観察者にも大きな影響を与えること。つまりコミュニケーションは、社会文化的なコンテクストの中で起こる複雑に入り組んだ現象であることがよく分かります。

コミュニケーションを成り立たせる要素の数々をご紹介しましたが、英語学習者がコミュニケーションの要素として知っておくべきなのは、「会話の目的、場、参与者」に絞ることができるのではないかと考えられます。

会話の「目的」——何のために話しているか

第一の「目的」は、「何のために話しているか」「何をしようとして話をしているのか」ですから、最重要の要素です。コミュニケーションには必ず目的があります。何のために、という出発点が、どのように話すか、というコミュニケーション方略を決めることになります。考えてみれば、私たちが「話す」というコミュニケーション行動を取る際には、この「目的」に沿って、話す相手と場が決まりますし、選ばれる話題も決まります。そして「何かについて話す」に当たって、話す内容が何であるかは重要です。英語で話す場合でも、自分がよく知っている話題なら話すことができるでしょうし、反対に何も知らないトピックだと、聞いても分からないし、会話に貢献するまでいかないことになります。英語力の問題ではなく、話題についての知識、背景知識の有無がコミュニケーションの成否を決めます。

もっとも、話している本人には「今、自分は何の目的で話しているのか」が分かっているはずですので、案外に無自覚でいる「場」と「参与者」を第2講、第3講で先に取り上げ、第4講で「目的別の話題」について取り上げます。

コミュニケーションが行われる「場」

第二の要素は、コミュニケーションが行われる「場」です。どのような場面でコミュニケーションが行われるのかで使われる単語や言葉遣いが違ってきます。親しい友だちと雑談しているのか、近所の人と世間話をしているのか、式典で挨拶をしているのか。見知らぬ人に道を聞いているのか、病院で医師と治療について話をしているのか。社交的な会話なのか、商売の交渉なのか、喧嘩しているのか。英語を使っている「場」に応じた話し方が必要になります。

「参与者」——会話の相手

そして「参与者」です。会話には相手がいます。話し手が一人、聞き手が一人という場合が標準で、たいていの英会話参考書も二人の対話が基本になっています。でも、実際には二人以上で会話する場合がありますし、黙って聞いているだけの「参与者」もありえます。そして、話し手も聞き手もさまざまです。どのような人たちが会話の場にいるのかで、コミュニケーションという現象は左右されます。*(10)

例えば、法廷という「場」での証人なら、聞かれた質問に答えるわけですが、証言を聞いている人々は質問した検察官だけでなく、弁護人や裁判官・裁判員や被告人もいます。裁判には加わっていないけれど聞いている傍聴人もいますし、証人が外国語を話す場合は、通訳人*(11)も聞いています。そのような「参与者」は、発言しない場合があっても、目に見えない影響をコミュニケーションに及ぼします。

学校の授業は、通常、教師と生徒で成立するコミュニケーションの場ですが、参観日ともなれば保護者が後ろに並び、発言はしないものの、全く影響がないとは言い切れない存在です。教師も生徒も、保護者が見ていることを意識して発言するので、いつもと同じ話し方かどうかは疑問です。ちなみに、授業内コミュニケーションにも文化の差異があり、教師と生徒・学生との関係性や、社会の中での教師の地位などが、授業という場でのコミュニケーションを左右すると言われます。

余談ですが、通訳者はこの「目的」「場」「参与者」という要素を常に意識して通訳を行います。自分が通訳している目的は何なのか。通訳者として置かれている「場」はどのようなものか。講演なのか、記者会見なのか、商談なのか。通訳を必要としているコミュニ

---

(10) Goffman, Erving (1981) *Forms of Talk*. University of Pennsylvania Press.
(11) 通訳をする人は「通訳者」ですが、日本では法廷で宣誓した後は「通訳人」と呼ばれます。通訳者を指して「通訳」と呼ぶのが誤りであることは、第6講で説明します

ケーションの「参与者」はどういう人々なのか。医師と患者なのか、講師と聴衆なのか、映画俳優と芸能記者なのか、顧客を相手にしている企業なのか。

「何の目的」で対話が行われ、「内容」は何か。儀礼的な集まりで社交的な会話をするのか、何としてもまとめたい商談なのか、交渉なのか。専門的知識を伝える場だとして、聞いている側も専門家なのか、それとも講師は専門家だけれど聴衆は一般の人たちなのか。

これらを事前に把握してから、本番の通訳に臨むのは、プロ通訳者にとっては事前準備の重要な部分です。そして、コミュニケーションの「目的」と「場」、「参与者」を認識していることは、通訳者に限らず、誰にとっても不可欠なことだと言えます。

これらを踏まえた上で、次講からは、コミュニケーションをとりまくコンテクストに沿って、「英語で話す」ためと参考になる方略を提示したいと思います。

第2講　会話では「場」を読む

　コミュニケーションという現象は、「今、ここ」で起きる「出来事」だと捉えられます。コミュニケーションは、そのつど、目的や参加者や状況が異なるなどコンテクストが違い、まさに「今、ここ」で起きる一回限りの出来事と言えます。見知らぬ人との邂逅《かいこう》は数知れず、外交、商談、裁判も毎回、扱われる内容が違います。病院での医療コミュニケーションも医療者が誰か、どういう患者かにより、やりとりは千差万別です。学校での先生と生徒のコミュニケーション、友だちとの交流、家族同士の気楽なおしゃべりなども、時と場合によって話題が異なり、それに応じて使われる言葉も違います。

　そのような実態を考えれば、「この場合は、こう言う」と定形化することは極めて困難です。買い物や食事などの「場」によってはマニュアル化が可能で、自動通訳機が訳してくれるかもしれませんが、すべての場でマニュアルが機能するわけではありません。「日常会話」や「日常的コミュニケーション」が案外難しいのは、決まり文句だけでは収まらない場合が多いからです。

とはいえ、常に出たとこ勝負では、学習者はどうして良いか分からず途方に暮れてしまいます。ＮＨＫラジオ「実践ビジネス英語」は、番組名を部分的に変えながらも、一貫してビジネスという「場」を設定して長年続いていますが、その魅力は、講師の杉田敏さんが自らの仕事での経験を踏まえて作ったビニェット（vignette：場面ごとの会話）が一般化しやすく現実に役立つという安心感を与えてくれることだ、と番組を聞いて英語を学んだ人から聞いたことがあります。もっとも、このビニェットはテキストの一ページという短さながら、内容は濃いので、単語や語句の解説を勉強してから聞き、自分でも使ってみるなどの努力は必要です。ふーん、これが役に立つのかな？　などと眺めているだけでは役に立つまでにはいかないでしょう。

二〇〇九年から続いている「ニュースで英会話」の場合は毎回、違う英語ニュースを取り上げますので、テーマ自体がバラエティに富み、英語が使われている「場」もとりどりです。ウェブの解説では、ニュース内容に即したキーワードを選び、それがどう日常会話に応用可能かを例文で示しますが、これも自分でコンテクストを理解した上で、繰り返して音読し、使ってみることで、自分の血となり肉となります。例文には、フォーマルなものからインフォーマルな表現まで出していますが、つまるところ必要なのは、特定の「場」に応じた適切な英語を使えるか、ということではないかと考えているからです。

「メモリアル」は「記念」ではない？

どの言語であっても、コミュニケーションの場は、インフォーマルからフォーマルの間に位置します。フォーマル度が高くなればなるほど、参加者の行動は構造化され規制され自由度は減ります。はじめに何をして次にどうするか、という枠組みがきっちり決められており、参加者の服装などにも暗黙の決まりがあり制約が大きくなります。法事や祝いごとなど、いわゆる冠婚葬祭を考えれば良く分かります。

使われる言葉も同様で、文法的に正しく、その場にふさわしい語彙や表現、発音、イントネーションを使い、冗談を言ったり、からかったり罵倒したりなどはしません。例えば記念式典などでの司会や挨拶の際に、面白おかしくやってしまうと、場違いということになります。結婚式では、宗教によって式次第が異なりますし、式よりはフォーマル度が少し下がる披露宴でも、日本語では「切る」「終わる」など避けるべき表現があります。

日本人の英語学習者がよく間違える英単語に、memorial があります。辞書を引くと、名詞なら「記念碑」、形容詞なら「記念の」とあるので、誤解してしまうのでしょうが、英語の語感としては、「故人を偲ぶ碑」「追悼の」というニュアンスが強くなります。memorial park は単なる記念公園ではなく「戦没者を記念する共同墓地」です。普通の「記念」と言いたい時にはどうするのかというと、別の単語を使うのです。おめでたい時にも使える「記念」は commemoration、「記念の」は commemorative、結婚記念日などの「記念日」は anniversary です。

昔、各国首脳が集まった場で、「記念写真を撮りましょう」と言うつもりで、日本の総理大臣が、memorial picture と言ってしまったことがありました。これでは、お葬式に使う写真を思い浮かべてしまうので、その場が凍りついたそうです。

ちなみに、不幸があった際に送るメッセージは型破りな文章よりは定型表現の方が安全です。これは日本語も英語も同じです。次に紹介するのは、友人の義母が他界したことを知ったアメリカ人夫妻が出したお悔やみのメールです。

Dennis and I send our deepest condolences on the passing of your mother-in-law

Mrs. X. It was such an honor to get to know her, and your son spoke of her often whenever he visited us, which made us feel closer to her. She was an extraordinary lady whose memory will always be cherished.

Sincerely, Dennis and Jane

「デニスと私が、X夫人のご逝去を深く悼んでいることをお伝えします。夫人とお知り合いになれたのは本当に光栄なことでした。あなたの息子さんが拙宅を訪問する度に、おばあさまのことをよく話されていたので、親しみを感じていました。とても立派な女性であられた故人の思い出を大切にいたします。

デニスとジェーンより」

our deepest condolences on the passing of...「～の逝去を悼む」という定型表現から始め、次に故人を自分の言葉でたたえ、最後に memory will always be cherished「思い出を大切にする」という定型表現で締めくくっています。

「親しき仲にも礼儀あり」を守った、簡潔にして心のこもったお悔やみだと思いました。

フォーマルかインフォーマルか

フォーマル度が高いコミュニケーションは面倒な気がしますが、決まりごとや定型表現が多いので、覚えてしまえば何とかなります。むしろ外国語の場合、難しいのは、フォーマルとインフォーマルの使い分けのように思います。言葉の丁寧度を見極めて適切に使うのは難易度が高く、母語でも間違えてしまったりするくらいですから、外国語ですと、いつ、どのような時に、どの言葉を使うのかは荷の重い判断です。

辞書を見ると、単語によって「フォーマル」などの注記があったり「くだけた表現」などの注意が書かれていたりしますので、語彙自体にフォーマル、インフォーマルの違いがあることが分かります。「硬い表現」などの説明がついていると、避けた方が良いのかと思ってしまうかもしれませんが、この場合の「硬い」というのは「フォーマルな表現」という意味のことがあるので、むしろきちんとした英語として使える場合が多いように思います。

必死でしゃべっている時は、フォーマルだのインフォーマルだの、それどころじゃない、というのが本音でしょうから、安全なのは丁寧な表現を中心に覚えておくことです。親しい友人同士では余り使わない表現であっても、相手が不快になることはないでしょう。フォーマルな場で品のないスラングなどを使ってしまって恥をかいたり、相手に不快感を与えるよりは傷が浅いと言えます。What's up?「どうしてる?」は親しい間柄では使えますが、目上の人やフォーマルな場では使わない表現なので、How are you? で済ませた方が無難です。

うわ、そうなんだ、怖い、どうすりゃいいの? と困惑するかもしれませんが、フォーマルな表現とくだけた言い方は違うということを念頭に置き、暗記する表現は、まずはフォーマルなものにしておくのが良いように思います。アメリカ人はフランクだから気楽にしゃべれていい、と信じている英語学習者がいますが、年齢差を気にしないことはあっても、地位の違いには敏感だったりしますし、そもそも英語は国際共通語ですから、話す相手はアメリカ人とは限りません。さまざまな文化的背景を持つ人々と対話することを忘れず、英語でも親しいか他人かで言葉遣いが違ったり、若者同士のタメ語を目上に使わない場合もある、と知っておくことは無駄ではないはずです。

日本語では「空気を読む」とか「場違い」などと言いますが、英語も同じです。今、ここで自分が置かれているコミュニケーションの場が、どういうものであるのかを見極めること。これは、コミュニケーションにとって重要な情報です。それによって使うべき言語の丁寧度レベルが違ってきますし、選ぶ語彙も異なります。

フォーマルとインフォーマルとの違いが分かるまでの英語力をつけながら、コミュニケーションの「場」を読みとる力も養って下さい。心配しなくても大丈夫です。「場」数を踏んでいくうちに慣れてきます。

インターネットという「場」

ここまでは、日常的な会話という「場」を想定して説明してきましたが、その観念をひっくり返すような事例をテレビで見ました。確かテレビ朝日の「羽鳥慎一モーニング・ショー」だったと思いますが、お目当てのアメリカ大統領選挙のクリントン民主党大統領候補とトランプ共和党大統領候補とのテレビ討論についての報道が終わったところで、登場した話題です。

日本の地方都市に住む専業主婦が、猫好きの次男から頼まれて猫の刺繍をしたシャツを作り、それをインターネットで紹介したところ、世界中から注文が殺到したというのです。売るつもりなどなく、愛らしい猫の刺繡を紹介したいだけだったので、次々と送られてくるメールに「ウィルスかと思った」とのことですが、英語だけでなく、十数ヵ国の言語で「猫の刺繡をしたシャツが欲しい」と書いてあり、それらはすべてインターネットの自動翻訳で訳して内容を把握したそうです。確かに、シャツのポケットから顔をのぞかせている猫ちゃんは、本物そっくりで何とも可愛く、国境を越えて人々を惹きつけたのも合点がいきます。

販売を決意したきっかけは、「フィアンセに贈りたいので、売って下さい」という英語のメールだったそうで、今では世界から送られる猫の写真をもとに一週間ほどかけてオリジナル・シャツにオリジナルな刺繡をして売っていますが、手作りなので予約は二年待ちとのことです。

テレビ局の記者が「英語はできるのですか?」と質問すると、製作者の主婦は、さらりと「ダメです」と受け、「中学校の教科書みたいな英語で返事しています。でも、通じるから良いんです」と答えていました。

これぞ、私が考えている「国際共通語としての英語」です。中学レベルの教科書に出てくる英語は基本ですから、この基本的な英語を使って「通じる」「分かってもらう」のが肝心であることを、この「猫の刺繡」の主婦は証明してくれています。

彼女にとっては、生き生きとした可愛い猫を刺繡で表現することが大事であって、その作品に魅せられた世界の人々と期せずしてコミュニケーションするはめになったので、英語を使っているだけです。カッコイイ英語を使おうなどという野心はないので、ごく自然体です。自分の英語力について自慢するわけでもなく卑下するわけでもない。

なるほど、今や「英語を使う」という行動の範囲が広がり、単に口頭で「しゃべる」だけではないわけです。インターネットやソーシャル・ネットワーキング・サービス（SNS）という「場」では、世界中の人々が自分の母語で発信し、それは簡単に自動翻訳されます。圧倒的に多いのは英語でしょうが、それも国際共通語として使われるので、中学校の教科書レベルで相手に分かるように書きます。洒落た言い回しなど必要ない。「対話」ならぬ「対書」の時代に入っているのだと実感しました。

そういえば、昨秋、朝日新聞社から「自動通訳機」について取材を受けました。*(1) 東京オリンピック・パラリンピックに向けて政府が「自動通訳機」の開発に力を入れているというのです。こうなると通訳者はもちろん、英語学習も不要になるのではないかと思われがちですが、私はそうは思っていない、という話をしました。

本講の冒頭で書いたように、定型表現が多くマニュアル化できるようなもの、例えば駅のアナウンスなどなら、翻訳メモリーを使って訳した言語を音声変換すれば「自動通訳」が可能でしょうが、微妙なニュアンスを含み、言葉を使って駆け引きする外交や商談などは無理です。「場」や「相手」などのコンテクスト、言葉の裏に潜む文化的差異や隠れた意図までは、機械では読み取れませんから対応が難しくなります。

ということは、これからは、機械で済む場、人間が必要な場と仕分ける必要が出てくるわけです。しかも、その「仕分け」の判断は人間にしかできないはずです。

となれば、言語のプロフェッショナルは限りなく高度なコミュニケーション能力が求められるでしょうし、専門家でない普通の人は自動翻訳や自動通訳機があれば事足りる、と二極化するのでしょう。その意味では、現在のような英会話中心の英語教育を小学校から始め、中高、大学と多大な時間を費やして続けることに意味があるのか、という疑問も出

(1) 朝日新聞、二〇一六年一一月一七日(木)夕刊、1面「ほんやくコンニャク実用化? 東京五輪へ官民で実験　英会話授業不要論も」

てきます。ただし、訳出されたものが妥当かどうかの判断をするには、せめて中学レベルの英語を知っている必要があるわけですし、対面してのコミュニケーション（face-to-face communication）の場では、双方が黙って機械でやりとりするのは異様で気持ちが通い合いませんから、国際共通語としての英語を使った人間味のあるコミュニケーションが理想的です。

どのような「場」であれ、難しいことはともかく、基礎的な英語はやっぱり学んでおいた方が良い、というのが私の結論です。

第3講　会話の「参与者」と向き合う

コミュニケーションの出来事は、その場に参加する人々が創り上げます。心の中での対話は別として、普通は一人では成立しないのがコミュニケーションです。特に対面コミュニケーションの場合は、相互のやりとり（interaction）が中心となるので、相手次第なのが、英語での対話を難しくします。

対話に入る前の呼びかけからして、文化の相違がそこはかとなく漂うことも、日常会話を複雑にします。

(1)相手をどう呼ぶか

伊勢志摩サミット（二〇一六年五月二六～二七日）に参加するカナダのトルドー首相が他の首脳より一足早く来日し、五月二四日に安倍総理と会談しました。

その様子をテレビのニュースで見ていて、気になったことがあります。安倍首相が、トルドー首相のことを「ジャスティン」と呼んでいたのです。二人並んだ共同記者発表では、「ジャスティン」と「トルドー首相」を混在させていました。通訳者がどう通訳したのか分かりませんが、困ったのではないでしょうか。公式の場では、ファースト・ネームではなく、肩書を付けてPrime Minister Trudeauのように呼ぶのが通常だからです。

トルドー首相は、ピエール・トルドー首相（第二〇、二二代）の息子で、一九七一年生まれ。二〇一五年に四三歳の若さで第二九代カナダ首相になりました。しかし若くても首相なのですから、Prime Minister Trudeauであり、面と向かって呼ぶ際も公式の場ではMr. Prime Ministerです。サミットでは各国の首脳たちが親しくなり、お互いをファースト・ネームで呼び合うのが慣習になっているのだろうと思いますが、Justinは、英語読みでは「ジャスティン」、フランス語読みなら「ジュスタン」です。どちらにしたら良いのか迷ったら、本人に確認するのが安全です。どのように呼ばれたいかは、本人が決めることですので。

「ジャスティン」と呼ぶことを本人に確認したかどうか分かりませんが、安倍首相にしてみれば、自分よりはるかに年下ですし、英語圏ではファースト・ネームで呼び合うのが当然であると考えて、欧米流に振る舞ったつもりなのでしょう。

中曽根康弘首相もそうでした。アメリカのレーガン大統領と個人的に親しくなったことをアピールするために、President Ronald Raegan を“Ron”と呼び、自分のことは「ヤス」と呼ばせて、「ロン・ヤス」と呼び合っているところがテレビ・ニュースで流され、「ロン・ヤス」関係の緊密さが日米同盟を強固にするという文脈で報道されました。確かに、英語でも、on a first-name basis「ファースト・ネームで呼び合う」というのは、親しい仲であることの証です。

サミットで何度も顔を合わせているうちに親しくなり、「やあ、久しぶりだね、ロン」ということはあり得るでしょう。でも、公式の場では、それが通用しないこともあります。中曽根首相が英国のマーガレット・サッチャー首相に会った際、“Hi, Margaret!”と呼びかけたら、じろりと睨んだだけで返事をしなかった、という逸話を聞いたことがあります。英国は格式を重んじるので、アメリカ式が通用しなかったのかもしれませんが、なぜ、あなたに「マーガレット」なんぞと呼ばれなければならないのですか？　という一瞥だったのかもしれません。

英語ではファースト・ネームで呼び合うという通念が日本では定着していますが、実のところ、どう呼ぶか、というのは社会的な慣習、相手の身分や役職、自分と相手との関係性、その場の状況などが絡んでくる、微妙な問題です。親しいつもりでファースト・ネームで呼んだら、失礼になる可能性がなきにしもあらずです。

駆け出しの通訳者だった大学生の頃、ある大学教授の講演を通訳しました。大学教授の講演を通訳するなど初めての経験で、緊張しながら、打ち合わせをしました。まずは初対面の挨拶です。Nice to meet you, Mr. Smith. と言ったところ、ご本人の隣にいた奥様から厳しい一言が入りました。"DOCTOR Smith!" と、Doctor を強く発音し「スミスさんじゃなくて、スミス博士です!!」と訂正したのです。怒りの形相に恐れをなし、慌てて、"Sorry, Dr. Smith." と言い直しました。その後、大学や研究者の世界では、博士号(doctorate, Ph.D.=Doctor of Philosophy) を取得していることが重要な意味を持つことを知り、また、professor「教授」という肩書も重みがあることを知りました。博士の学位を取得していても教授でない場合があるので、博士すなわち教授とは限りません。どちらの肩書で呼ぶかは本人に聞くしかないので、いちいち確認して、どちらかを付けるようになりました。

ところが、経済学で著名なガルブレイス教授に会った際に、「Doctor（博士）と

Professor（教授）と、どちらの肩書でお呼びしましょうか？」と聞いてみたところ、「ミスターでいいよ。ハーバードはドクターとプロフェッサーばっかりウジャウジャいて、飽きた」と冗談でいなされてしまいました。まさかMr. Galbraithと呼ぶわけにはいかないので、Professor Galbraithと呼びましたが、こだわりのないガルブレイス教授が不満を漏らしたのはファースト・ネームのことでした。「どうして日本では、ジョン・K・ガルブレイスって、なってるのだろう。Johnはファースト・ネームだけれど、私はミドル・ネームのKennethを使っているのに」とのことでした。普通はファースト・ネームを使うことが多いので、誰かがJohnを使い始めて、それが流布したのでしょうが、ご本人に言わせると「普段はKenと呼ばれている」。Kenは、通称のニックネームですから公式にはKennethとなるのでしょうが、ガルブレイスさんご自身はKenと呼ばれるのがお気に入りのようでした。第二言語習得研究で知られるトロント大学名誉教授（Professor Emeritus）であるDr. James Cumminsは、著作ではニックネームであるJimを使っています。どうしてJamesを使わないのかは本人に聞かないと分かりません。

「先生」と呼んでおけば済む日本語と違い、英語はややこしいですが、どう呼んで良いか分からなかったら、How would you like me to call you? とご本人に聞くべきだということとを、John Kenneth "Ken" Galbraith*(1)先生から学びました。

(2) Hi! の後に何を言う?

誰かと会った時には、まず挨拶です。これは、決まり文句を覚えてしまえば良いので、簡単なはずです。英会話の本や教科書でも最初に出てきます。

ところが、Hello! や Hi! だけならともかく、初対面の際には、Nice to meet you.、会ったことのある人なら Nice to see you. など違う表現を使うという説明があって、なぜ初対面だと meet なんだろう、see とどう違うんだ? と不思議に思います。授業中は意識して覚えて練習するので何とか使い分けができますが、いざ実践となると緊張してしまい、あれ、ここでは meet かな? see だっけ? などとゴッチャになることがあります。

挨拶など簡単だと思っていたら、そうでもない。

同年輩同士の気楽な間柄なら、Hi! で済みますが、それでは済まない場合もあって、Hello./Good Afternoon./Good Evening. の方が適切な場合もあります。

招かれた場合は、その後に、Thank you for inviting me. を付けますし、とても丁寧に言いたい時に使う、It was nice of you to let me come. というセリフは映画“My Fair Lady”に出てきました。相手が目上の場合に使う表現ですから、コミュニケーションの参与者である相手を意識して使っていることになります。

理想としては、丁寧度が違う表現を幾つか頭の中のデータベースに入れておけば良いのですが、とっさの場合に適切な表現をうまく取り出すことができるかどうか心もとない場合は、まずは誰に対して使っても大丈夫な、Hello, nice to meet you. を使い、場数を踏みつつ手持ちのストックを増やしていくのが賢い方略かもしれません。

「お疲れさま」？

「お疲れさま」という挨拶は、以前はテレビ番組のスタッフや出演者が収録後に互いをねぎらって使っていたように思います。長時間かかる収録が終わると、やれやれという安堵

(1) John Kenneth “Ken” Galbraith 一九〇八年カナダ生まれの経済学者。米国ハーバード大学名誉教授。故ケネディ大統領と親しく、インド大使を務め、政策にも影響を及ぼした。*The Affluent Society*（1958）など四〇冊を超える著書で世界的に知られる。二〇〇六年に逝去

感が広がり、互いにいたわり合う自然な感情が「お疲れさま」でした。他の業界でも使うことはあり得ると思いますが、いつの頃からか、一般的な日常の挨拶として定着したようです。メールでの冒頭の挨拶に「お疲れさまです」とあって、驚きます。「別に疲れていませんけど?」と返事したくなりますが、ほとんど無意味な挨拶らしいので、黙って受け流すのが常識のようです。

この「お疲れさま」の意味を外国からの知人に聞かれた人が、"You must be tired."と英訳して説明したところ、キョトンとされたそうです。なぜでしょう。

英語の母語話者に言わせると、疲れているかどうかは本人が決めることで、他人がとやかく言うことではない。見た感じで「疲れているんじゃないですか?」などと言うのは僭越というか、ちょっと失礼になる、とのことです。国際共通語としての視点からは、各国の人々がこの表現を聞いて、どのような印象を受けるか、知りたいところです。

そういえば、「疲れた」に相当する英語には、tired の他に、exhausted もあります。I'm exhausted. と言えば、「疲れたあ、もうクタクタ」という語感になります。tired より、もっと疲れた感じです。

exhaust という単語は、もともと「(資源などを)使い果たす」という意味で、二〇一六年七月一四日（木）放送のUK IRAQ WAR INQUIRY SLAMS BLAIR「英調査委 イラク戦争参戦を批判」というニュースでは、「（選択肢などを）すべて試みる」という意味で登場しました。[*(2)] イラク戦争への参戦に至る経緯や根拠を検証してきた英国の独立調査委員会が、戦争の大義とされた大量破壊兵器の存在を証明できないまま参戦に踏み切ったとして、当時のトニー・ブレア政権の判断を批判する報告書をまとめ、平和的な選択肢をすべてexhaustする（使い果たす）前に、政権はイラク侵攻に参加することを選択したと結論づけました。

独立調査委員会のジョン・チルコット委員長の説明の中に、exhaustが出てきます。

We have concluded that the UK chose to join the invasion of Iraq before the peaceful options for disarmament had been exhausted. Military action at that time was not a last resort.

「独立調査委員会は、武装解除のための平和的な選択肢をすべて試みる前に英国はイ

(2)『ＮＨＫニュースで英会話』二〇一六年一〇月号「英語表現こぼれ話」

ラク侵攻に参加することを選択した、という結論に至りました。軍事行動は当時、最後（に残された）手段ではありませんでした」

このニュースの収録では、説明するべき内容が多くある中、リハーサルでやってみて時間的に入らないと分かった解説をカットしたり、順番を入れ替えたりなど、いつものことではありながら、解説者は非常に苦労しました。五時間も六時間もかけて準備した解説を、その場で急に変えたり短くするのは至難です。本番の収録が終わった直後、岡部徹さん（元ＮＨＫ解説委員）からは、思わず、番組で紹介したI'm exhausted...という英語が口をついて出ました。「やれやれ無事に終わった、ふー、疲れた」という気持ちがこもっていて、そう、こういう時に使う表現なのだ思いました。日本語なら、こういう時こそ、「お疲れさまでした」と言うべきなのでしょう。

⑶「うなづき」と「あいづち」

「うなづき」の文化には差異がある

誰かと話している時に欠かせないのは「あいづち」です。どのような言語であっても、会話には「あいづち」がつきものです。でも、「あいづち」の仕方は言語によって違います。言語が違えば、それは当然で、日本語なら「確かに」というところを英語では、That's right./Right. などと言うわけですが、言語には、「うなづき」*⑶など非言語のジェスチャーも含まれるので、これが曲者です。

⑶「頷く」は、『広辞苑』（第四版、岩波書店）によれば、「首を下にうごかす」「諒解・承諾の意を示して首をたてに振る。合点する。首肯する」とあります。「項（うなじ）を前に突く」の意味から、「項突く（うなづく）」が語源です。「うなずく」「うなずき」が一般的な表記ですが、「うなづく」「うなづき」も現代仮名遣いとして許容されていることから、本書では「うなづく」「うなづき」を用います

海外に駐在したことのある友人に聞いた体験談では、勤務地の文化で最後まで慣れなかったのが、「うなづき」だったそうです。人の話を聞きながら、首を動かしてうなづくのは、一種のあいづちですが、その国では、日本人のように「うん、うん」とうなづくと、「反対です」「イヤです」という拒否を示すのだそうです。逆に首を横に振ると、「はい、分かりました」「賛成です」の意味になるので、つい正反対の意味に解釈してしまい、参ったとのことです。

英語では、そのような逆の意味はありません。英語の nod は、動詞なら「(許可や同意などを表して) うなづく」という意味です。名詞では「うなづき」で、give a nod と言えば「うなづく」となり、give a nod of approval で「承認を与える」という意味になります。ややこしいのは give the nod to…と、nod に定冠詞 the が付くと「～に承認を与える」という意味のくだけた慣用句になることですが、混同して使う人は多いので、神経質になることはありません。

いずれにしても、英語でも日本語と同じように賛同を表してうなづくのですが、問題は非言語の部分で、うなづき自体が日本語母語話者ほど多くありません。

このような「うなづきなし」の人々と相対すると、日本の英語学習者は落ち着かない気持ちになるようです。アメリカの大学生と討論させてみたら、学生たちがいつものように積極的に英語を話さないので、不可解に思って聞いてみたところ、「黙って、こっちを睨むように見ているので、怖くなった」「全然、うなづいてくれないので、何か気になることでも言ってしまったかと心配になった」と述懐した学生がいました。うなづかず相手の目を見つめるという英語式の非言語コミュニケーションと、頻繁にうなづく日本式非言語コミュニケーションとの違いが、日本側の話す意欲を失わせたことになります。これは、まさしく異文化コミュニケーションの問題です。

「あいづち」

さて、「あいづち」です。言われたことに対して、賛成反対とは無関係に、「聞いていますよ」という合図とも言える「あいづち」は、どの言語でもあるので、幾つかのバリエーションを知っていると、円滑に会話を進められます。

よく使われるのは、uh-huh/hmm ですが、「アハン」ばかり連発するのも聞き苦しいので、Right. を使ったりもします。これは、別に相手の言っていることが正しいとお墨付きを与えているのではなく、もう少し手軽に使えます。「そうそう」「そうですね」くらいの受けでしょうか。

頻度は高くありませんが、Fair enough. もあります。「そりゃそうだね」程度のあいづちですが、かつて日米構造協議の席で、これをいちいち「それは公平です」と日本語に訳した通訳者がいたと、米国側のメンバーとして会議に参加していたグレン・フクシマ氏が著書で苦言を呈していました。*(4)

適当なあいづち表現を思いつかない時には、あいづちではなくても相手の言ったこととの一部を繰り返す、聞き返す、という方策があります。あなたのおっしゃったことを、しっかり聞きましたよ、という証明になるし、そういう内容でしたよね、と内容の確認ができます。会話に参加している人たちの間に信頼関係を生み出すことになり、さらには、その間に時間を稼いで、次に自分が言うことを頭の中で組み立てることもできます。会話のすべてをまとめる必要はなく、一部だけを短く繰り返すことで十分です。

デボラ・タンネン*(5)という社会言語学者が集めた事例の中には、こんな「繰り返し」「聞き返し」もあります。

A: Do you read?

B: Do I read?

A: Do you read things just for fun?

B: Yeah. Right now I'm reading XXX.

Aさん：読書する？

Bさん：読書？

Aさん：娯楽で本を読む？

Bさん：うん、今は『○○』を読んでる。

これは英語母語話者同士の会話ですが、英語学習者も使えそうです。Do you read? と質問されて、あいづちで済ますわけにはいかず、さて、何と答えようかと考え込んでしまうと、会話はそこで止まってしまいます。「間《ま》」を嫌う英語母語話者は、居心地悪く感じ

(4) グレン・フクシマ（著）渡辺敏（訳）（一九九二）『日米経済摩擦の政治学』朝日新聞社

(5) Tannen, Deborah (1987) Repetition and variation as spontaneous formulaicity in conversation. *Language* 63: 589-591.

て、別の話題に切り替えてしまうかもしれません。そんな時に、質問を繰り返して「読書って？」という感じで、Do I read? と相手の質問を繰り返してみると、先方は質問の意図をさらに詳しく説明してくれるので、ああ、仕事ではなく、気晴らしに本を読むことがあるかって聞いているのか、と分かります。そこで、まずはイエスと答えておいて、次にできたら、よく読む本とか、今読んでいる本の書名を挙げれば、相手は、「その本なら読んだことがある。あれ、面白いよね」と乗ってくるかもしれませんし、「それ誰が書いた本？　面白い？」と聞いてくるかもしれません。いずれにしても、ここでやりとり（相互行為）が生まれ、会話が成立することになります。

参ったな、最近は読んでないよ、という場合は、

I do, but I haven't been reading much recently.

「はい、でもこの頃はあまり読んでないんです」

など正直に答えれば良いので、慌てることはありません。

読んでるけど本のタイトルを思い出せないよ、という場合は、

Sure, I do, but I don't remember the title of the book I'm reading now.
「もちろん。でも、今、読んでる本の書名を思い出せない」

だめだ、そんな長い英語、言えない、という場合は、短くても大丈夫。

I don't remember the title...
「タイトル、覚えてない」

「タイトル、覚えてない」と言われた相手は、「あ、今、何か本を読んでるんだ」と分かります。何も言わず沈黙に支配されるよりは、短くても不完全でも何か言う方がコミュニケーションになります。

もちろん、それだけでは素っ気ないかな？　と気になったら、後に一言、どんな本かという情報を付け加えると、相手が興味を持ちそうです。きちんとしたセンテンスを言えるか自信がないという方のために、「超短縮版の英語」を添えておきました。まるで新聞の見出しのようですが、何も言わないよりは、見出しふう超短縮版でも口に出した方が、相手に対して親切です。

It’s a book on management.
「経営についての本なんだ」

〔超短縮版〕
About management.

It’s one of the best-sellers now in Japan.
「日本で今、ベストセラーになってる」

〔超短縮版〕
Best-seller.

会話はキャッチボールです。ボールが来たら受け取って投げ返す。ボーリングのように、投げて終わりではないので、受けたら投げる、投げたら受けるの繰り返しであることを肝に銘じ、自分からも情報を付け加えて投げ返すという能動性が欠かせません。Yes/Noの後には、必ず「一言」を付け加えて、会話のキャッチボールを楽しみましょう。

(4)雑談は軽く楽しく

英語を実際に使ってみて日本人学習者が苦労するものに、ちょっとした世間話や雑談――スモール・トーク（small talk）があります。重要なことを話すわけではないのだけれど、自分からどのように英語で雑談したら良いのか分からないだけでなく、言われたことにどう応対したら良いのか困る場合が多く、仕事の話だと平気なのだけれど、パーティーで雑談するのは苦手だ、という企業人は結構います。

スモール・トーク――挨拶代わりの雑談

同僚や友だち、知り合い、もしくはたまたま出会った他人などと気軽に言葉を交わすのが英語の特徴かもしれません。「おはよう」「こんにちは」の後に何を言うのか言わないのかは、文化によって違います。特に何も言わない文化もあれば、目上から目下に対して口火を切る社会もあれば、逆に必ず目下から何かを言う文化もあることが知られています。[*(6)]日本では、どちらかといえば、知らない相手とおしゃべりすることが少ないように思われます。もちろん個人差はありますが、知らない他人とでも、一言やりとりをする、という規範は特にないように感じます。

ところが英語では、世間話とも言えないほどのちょっとした雑談をすることが多く、これをスモール・トークと呼びます。

懇親会やパーティーはもちろんのこと、たまたまエレベーターで一緒になった人やバスを待っている人などと言葉を交わします。内容は、どちらも共有している当たり障りのない話題が多く、Nice day.「いいお天気ですね」だとか、About time the bus came.「そろそろバスが来てもいい頃ですよね」など。それに対しての返答は、好天についてならIt sure is.「本当にいいお天気ですよね」、バスについてなら、I wonder why it's late.「なんで遅れてるんでしょう」など、簡単にコメントを返します。

天気の話題は無難なのでよく使われますが、それればかりでなく、自分のことや自分の気持ちを相手に向けて言うこともあります。もちろん、スモール・トークですから、深刻な話題ではありません。閉め切った部屋で一緒になった人に対してI need some fresh air.

「新鮮な空気が欲しいよ」と言えば、相手もおそらくSo do I. などと受けるでしょう。これがスモール・トークで、大した意味がなく、社交辞令というか、その場を共有している誰かとその時だけの人間関係を作るという目的で行われます。

もちろん、同じ発話でも、スモール・トークでない場合があります。会合の主催者や司会者に対してなら、「新鮮な空気が欲しい」という状態を説明しているだけでなく、「窓を開けるなど、何か対策をとって欲しい」という要望かもしれませんし、窓際に座っている人に対して言ったのなら「そこの窓を開けてもらえませんか？」という依頼になります。そのような意図で話しかけたのに、So do I. と返して何もせず澄ましていたら、ピント外れの受け答えになってしまいます。話し手が何かを言った場合の意図というのは一様ではないので、それを汲み取り、これは依頼なのか、単なるスモール・トークなのか判断する決め手は、その場の状況や聞き手が誰かというコンテクストです。

さて、スモール・トークでは、相手に焦点を合わせることもあります。レストランで順

(6) Ferguson, Charles (1976) The structure and use of politeness formulas. *Language in Society* 5: 137-151 など

番待ちをしながら、Do you come here often?「ここはよく来るんですか?」などと語りかけ、相手は、Yes, at least once a week.「ええ、少なくとも週に一回は」などと応じるかもしれませんし、It's the first time.「初めてなんです」と答えるかもしれません。何でそんな質問に答えなきゃいけないんだ?　と怪しんだり、何を探りたいのかと警戒することはなく、スモール・トークなのですから、簡単に答えておけば良い。考え込んで正しい答えを探す必要はなく、短時間ながら楽しい会話のキャッチボールを楽しめば良いのです。

もちろんスモール・トークの相手は見知らぬ人が相手とは限らず、出社して同僚と「おはよう」の挨拶をした後に、ちょっとしたやりとりをすることも意味します。学校や会社という同じコンテクストを共有していれば、スモール・トークも内輪の話になることがありますが、多くの場合、軽い会話を通して一種の仲間意識を確認するくらいの社交儀礼と考えられます。

英会話の授業でも、ネイティブ・スピーカーの教師がスモール・トークをすることがあります。月曜午前中の授業で、How was your weekend?「週末どうだった?」、Did you have a nice weekend?「週末、楽しかった?」などと学生に質問します。通常の会話なら、Oh, yes. I went swimming and it was great.「泳ぎに行って最高だった」などと何らかの情報を提供して、週末に何をしたか説明します。I worked the whole weekend.「仕事でつぶれちゃった」などと答えれば、相手は、Sorry to hear that. もしくはThat's too bad.「それは残念だったね」などと受けて同情したりします。最初に質問された側は、次に相手へ向けて、How about you? How was your weekend?「あなたは？ どんな週末でした？」と聞いたりもします。

ところが、英語の授業で「週末、楽しかった？」と先生から聞かれた日本人の学生はたいていYes. などとぶっきらぼうな返事をして黙ってしまうので、先生は、What did you do? と追い討ちをかけてくることがあります。すると学生はますます困って黙りこくります。後で私に、「まさか、一日中寝てました、なんて言えないじゃないすか」と釈明した学生がいましたし、「週末に何したかなんて、なんで先生に説明しなきゃいけないんだ？」と憤慨していた学生もいました。なるほど、これが英語のスモール・トークか、と知っていれば、適当に答えて済んだ話です。

このスモール・トークには、懇親会やレセプションなどで参加者と交わす雑談や世間話も入ります。どうでも良いことを話す、と言っても、一体、何を話したら良いのか分からず、ひたすら食べて時間を過ごす人もいますが、欧米のパーティーでは日本のように乾杯の音頭やら挨拶やらが延々と続いたりしないので、参加者と何も話せないと孤独感に苛《さいな》まれ惨めです。

そうならないためには、誰が相手でも話題を提供できる用意をしておくと便利です。集まっている会合の趣旨や主催者に関する話題でも良いですし、最近のニュースを話題にしても良いでしょう。パーティーでのスモール・トークが苦手という人はどの国にもいますが、ビジネスパーソンは誰とでも話してネットワーク作りをするために、身近なニュースだけでなく、国際政治や経済の話、映画や演劇、文学や音楽など幅広くチェックしておいて、相手に応じて話を盛り上げる努力をするのだと聞きました。スモール・トーク文化に生まれ育った人でも話題のレパートリーを広げるよう努めているのですから、雑談文化に慣れていなくても、意識して話題を提供できるよう準備しておいて、英語での世間話を試みたらどうでしょうか。深刻にならず、軽く楽しくが、スモール・トークなのを忘れずに。

⑸褒める——ちょっとした社交辞令

日本語話者が意外に苦手なのが、「褒める」という言語活動です。日本語でも褒めることは当然ながらありますが、その頻度とコンテクストが英語では違うように思います。誤解を恐れずに言えば、英語ではちょっとしたことで相手を褒めます。着ている服や持っているバッグを褒めたり、新しい髪型に気づいて褒めたり。社交的な儀礼であり日常生活の潤滑油という位置付けは、スモール・トークと似ています。

それに比して、日本語では英語ほど頻繁に褒め言葉を繰り出さないし、英語でなら褒める場合も褒めません。褒めないどころか、身内の場合は、あえて卑下してみせたりします。身内を褒めないのがあたかも常識のように、日本語では、自分の妻を「愚妻」などと謙遜します。英語にすれば、my stupid wife となって、反発されそうです。

子供のことを親が他人に向かって褒めるなどは、親バカみたいでみっともない、という照れがあるので、息子を「愚息」と呼んだりします。なぜか「愚娘」とは言いませんが。でも「愚息」と聞いても、本当に馬鹿な息子なのだとは誰も思いませんし、その my stupid son が学校では優等生だったりするので、単純に謙遜しているわけです。中には、過剰謙遜というか、自慢の裏返しの謙遜をする親もいます。高校生の息子がいる女性に「ウチのバカ息子は英語が全然ダメなんですけど、どうしたものでしょう。何かアドバイスはありますか？」と聞かれ、愚かな私は真に受けてアドバイスをしたのですが、後で聞いたところ、その母親の言う「ウチのバカ息子」は、英語の成績は学年で一番、英検1級を持っていると分かり、のけぞったことがあります。

「親バカ」で思い出しました。

大学生の頃、NHKの英語番組講師をしていた國弘正雄さんから、テキストの英文を日本語訳して欲しいと頼まれたことがありました。スキットの中に、確かI'm proud of my daughter. というセリフがありました。これをどう日本語に訳すか困ってしまいました。「私は娘を誇りに思います」ということなのですが、前後の文脈から「誇り」という訳語がしっくりこない感じで、しかも、こういう場面で日本の親が「誇りに思う」なんて言うかなあ、と気になったのです。さんざん悩んだ末に「親バカかもしれませんが」という日本語訳にしたところ、それを見た國弘さんは「おお、いい訳だねえ、ぴったりだ」と珍しく褒めてくれました。やったあ、と嬉しかったのを覚えています。

しかし後年、翻訳学を学んでからは、この訳語が適切だったかどうか疑問に思うようになりました。「親バカ」という表現は日本人ならではの謙遜を反映しているのですが、英語母語話者が言ったI'm proud of my daughter.を「親バカ」と訳したのは、日本語と英語の違いを尊重せず、あえて日本語らしくしてしまう翻訳方略をとったわけです。これを翻訳学では、domestication（受容化）と呼びます。読む人々にとって分かりやすい翻訳を目指し、著者を読者の文化に連れてきてしまうような翻訳です。それに対して、多少の違和感があっても原文を尊重し、読者が著者の文化に出かけていくような翻訳方法もあって、こちらはforeignization（異質化）と呼ばれます。*(7) 異文化理解の観点からは、英語のまま忠実に「誇りに思います」の方が良かったのかもしれません。

もっとも言語というのは時代が変われば使い方も変化し、最近では日本語でも我が子について「誇りに思う」と平気で言う親が増えているように思います。オリンピックでメダルを取れば、謙遜など必要なく、ごく自然に「誇りに思います」が出てくるでしょう。選手自身が「自分で自分を褒めたい」と言ったりするようになっているので、日本語でも素直な感情を表して褒めることが多くなっているのかもしれません。

(7) ジェレミー・マンデイ（著）鳥飼玖美子（監訳）（二〇〇九）『翻訳学入門』みすず書房

英語に多い褒め言葉

それでも、英語を話している日本人が時として、英語で褒めることを面倒に感じるのは、歯が浮くようなお世辞になるのを避けたいのと、褒め言葉の語彙が少ないからではないでしょうか。

考えてみると英語には、褒め言葉に使う単語や語句が豊富で、ちょっとした機会があると気前よく使います。もらったプレゼントを開けて褒める時も、beautiful/gorgeous/marvelous/terrific/fantastic 等々、形容詞が豊富です。日本語に訳すと、「きれい」「すてき」くらいに収まってしまい、英語の褒め言葉を日本語に訳す時に苦労するくらいです。

日本人の中にはプレゼントを開けもせず、Thank you. とだけお礼を言って、すぐにしまってしまう人もいて、がっかりする外国の人がいます。最近は、その場で開けてみる日本人も多いように思いますが、頂いた贈り物を贈り主の目の前で開けたりしない、という日本の伝統的な礼儀を守っている地域や個人は存在します。もちろん英語圏でも、May I open it?「開けてみて良いですか？」と聞いて、Of course. Go ahead.「もちろん、どうぞ」と承諾を得てから包みを開けるのですが、その後が違います。プレゼントを取り出して確認して、Oh, it's unbelievable! This is exactly what I wanted!!「うわあ、信じられない！　ちょうどこういうのが欲しかったのよ!!」などと、言葉を尽くして喜びを表現します。そのような文化から来た人々にとっては、日本人のお礼がそっけなく感じられることになりますが、これは英語力の問題ではなく、文化の問題になってきます。

では、どうするかといえば、英語を話している時には英語文化に沿うのが一案です。包みを開けて中に入っているプレゼントを褒める。やりにくかったら、日本の礼儀ではプレゼントを贈り主の前で開けないことや、英語では褒め言葉が多いけれど上手く使えないことなどを率直に吐露すれば、異文化の相互理解へ近づくことになります。

ちなみに、英語の専門家ではない小学校の先生が、テストに赤でgoodと書いて児童に返し、やる気を出させるために褒めました、と話してくれたことがあります。その意図は結構なのですが、英語で、goodは単に「良」。本当に良くできた時には「秀」に当たるexcellentが妥当です。

講演を聞いた後、講師に対して、It was interesting. と言うのは最低限の社交辞令と受け取られかねないので、他に思いつかない場合は心をこめてtruly interestingなどと言うことでしょう。できたら、insightful「洞察に満ちた」、impressive「印象的」、inspiring

「触発するような」などの形容詞を勉強しておくか、I learned so much from your talk.「講演から多くを学びました」など、具体的にコメントすると喜ばれます。

褒められたら

何れにしても、日本語では歯が浮くような感じでも、英語では挨拶の一環としてさらっと言うだけですので、こんなに褒められちゃって、どう返したらいいだろう、などと悩む必要はありません。「いいえ、そんなあ」というつもりで、No, no! などと否定する必要もありません。一種の社交辞令と割り切って、Thank you. と軽く受けて、その後に一言つけるのが英語流です。*(8)

イヤリングを褒められた場合は、

I like your earrings.
「あなたがつけてるイヤリング、素敵ね」
Thanks. I got them in Tokyo.

「ありがとう。東京で買ったのよ」

手製のケーキを褒められたけれど、自分では満足した出来栄えになっていなかった場合、

The cake is delicious.

「このケーキ、美味しいです」

Thank you, but it didn't turn out exactly right.

「ありがとう。でも思っていたようには出来上がらなかったんです」

と、ここまで具体例を入れながら説明しましたが、これはほんの一例であって、コンテ

---

(8) Levine, Deena R., Baxter, Jim, McNulty, Piper（1987）*The culture puzzle: Cross-cultural communication for English as a second language*. Englewood, NJ: Prentice-Hall.
Levine, Deena R. & Adelman, Mara B.（1982）*Beyond language: Intercultural communication for English as a second language* 2nd ed. Prentice-Hall.

クストが異なれば使えない場合もありますし、第一、いくら例文を読んで勉強したつもりになっても、いざとなったら思い出せないことはあります。えーと、なんかの本に書いてあったよなあ、こういう時は英語でどう言えばいいんだっけ、となるのがオチです。

第5講の「⑹暗記するのか創造するのか」で説明するように、基本は覚えておく方が実際のコミュニケーションに役立ちますが、あれもこれもと欲ばり過ぎると、溢れてしまい覚えていられません。頭に叩き込むべき表現は、何度も自分で言ってみて頑張って覚えた方が良いのですが、褒め言葉は、英語ではよく褒める、という特質を知れば十分なように思います。日本語の文化にはない言語習慣なのですから無理することはありません。学んだことを活かせると良いのは、自分が褒められた時の対応です。あ、これか、と思い出して、落ち着いて Thank you. もしくは Thanks. と受けていただければ、それで十分です。

いくら英語を話せるようになりたいと勉強しても、英語文化をそのまま受け入れる必要があるのかどうか、というのは考えておくべき異文化コミュニケーションの問題です。英語を話していても、話している自分のアイデンティティが日本語を母語とする日本人である以上、コミュニケーションの方法や話し方の規則は、母語の規範が転移しがちで、英語の中に日本語文化がしっかり入ってきます。それは決して悪いことではなく、自然な現象です。日本人が英語母語話者になりきる必要はなく、自分自身のアイデンティティや自分らしさを大切にしながら、他の言語を話す人々の文化をも尊重し、理解を深めようとするのが異文化コミュニケーションです。

特に、国際共通語としての英語の場合は、英語を母語としない各国の人々が便宜上、英語を使っているのです。話している相手の文化でコミュニケーションがどのように行われるか、例えば褒め言葉がどうなっているのかまで分からない可能性があります。話している双方が、英語文化を知らずに英語で話している場合も多いわけで、それぞれが自文化とは異なる文化に根ざしている英語でやりとりしている中で、異文化コミュニケーションを成立させるにはどうしたら良いのか。

相互に文化的な違いがあると覚悟した上で、違和感のある英語や奇異に映る態度に対して寛容になり、相手を理解しよう、自分を理解してもらおうと双方が歩み寄って努力するしかないのだと考えています。

第4講　会話の「目的」を明確にする

人が誰かとコミュニケーションをとる目的にはいろいろあります。主なものに「意見を言う、自分の考えを主張する」という目的、それと対《つい》になる「反論する、異論を述べる」という目的。誰かに何かを「依頼する、頼む」目的と、「依頼を受ける」「断る」という目的のペア。何か相手の迷惑になることをして「謝罪」する必要に迫られる場合もあるでしょう。

第4講では、それらの目的に沿って英語で話すことを異文化コミュニケーションの視点から分析して、ヒントになるものを探ります。

(1)自分の意見を主張する

英語を話す目的の第一は、自分の考えを説明し、意見を主張することでしょう。英語を学ぶ目的は、最終的には、そこにあると言って過言ではないように思います。ところが、これがなかなか思うようにいかないので、英語が話せない、という苛立ちを生むのではないかという気がします。

そこで、覚悟すべきは、「考えを述べる」というのは高度な知的能力と言語能力を必要とするので、ある程度の基礎ができていないと自分の考えを十分に説明することができないということです。

大人にとっての外国語学習がつらいのは、立派な社会人であり深く物事を考えている自分が、外国語ではまるで子供のような拙《つたな》い主張しかできないことに自尊心が傷つくからです。自分の気持ちを簡単に説明するなら、I'm happy.「嬉しい」、I'm sad.「悲しい」くらいは言えますが、母語の日本語で話している時のように微妙な感情の襞《ひだ》まではどうもうまく説明できないので、こんな言い方じゃ、まるで子供じゃないか、と我ながら情けなくなります。

自分の意見を言いたいと思っても、適切な単語を思いつかない、どのように順序立てて言えば良いのか、I think...の連発じゃしょうがないし、なんとかひねり出した英語はどうもお粗末で、幼稚に響くのではないか、と不安はつきません。

それは英語を学ぶ途上にある学習者にとっては当然の不安であり悩みである、という現実を直視するのが一つの方略です。そして他にも解決策はいろいろ考えられます。

まずは、ある程度の語彙力がないと言いたいことを言えないので、読んだり書いたりという言語活動を通して語彙を獲得し基礎力をつける。読むことで語彙力を増やし、英語の表現に慣れ、それを基盤に自分で書いてみることは、時間がかかるし楽なことではないのですが、この土台作りがあって初めて「内容のあることをきちんと話す」ことが可能になります。*(1)

これを自ら発見して実践しているのが、坂東眞理子・昭和女子大学学長です。英語で話をする前に、およそのことを英語で書いてみたら、英語でちゃんと話せた、というのです。「話す前に書いてみる」方略で大切なのは、書いた英文を暗記するのではなく、読み上げるのでもない点です。暗記すると忘れることもあって、忘れた時に動揺して後が続かなくなります。スピーチ・コンテストで、スピーチの途中、記憶が途切れたらしく詰まってしまった高校生がいました。すぐに次が出てこないらしく最初からやり直すことを試みましたが、上手くいかず気の毒でした。暗記するから忘れるのですが、ならば原稿を読み上げれば安全かと言えば、忘れることはないものの、読み上げることは語りかけることではないので、対面コミュニケーションにはならず、心に届きません。そうではなく、自分は何を話したいのかを英語で書いてみるのです。英語で何をどう言うかを考えながら書くので、頭の中が英語モードに整理されているらしく、英語が予想外に滑らかに出てくる、という体験は、英語学習の大発見かもしれません。

次に、母語である日本語で主張する際に、自分の主張の仕方を客観的に分析してみること。そして、それを英語で行う時に、文化的な差異が存在するかどうかを調べてみます。日本語と英語のコミュニケーション・スタイルの違いを説明した本を読むことも有効ですし、英語のテレビ・ドラマや洋画を観る、身近に英語話者がいれば耳を澄ませて、どのように意見を言うかを学びとる、仲間と英語で丁々発止の討論を試みる等々。日本語で意見を言う時と英語で言う場合とでは、違いがあって当然なのですが、そこまで考えない人は多いですし、逆に、その違いが気になって「英語だと違う自分がいる」ことに落ち着かないものを感じる人も少数ながらいます。比較してみて、違いがあることに気づくのが異文化理解の第一歩。その上で、自分の意見が揺らぐわけではないけれど、表現の仕方が英語

(1) これについては、前書『本物の英語力』で詳しく述べましたので、参照して下さい

では異なる場合があることを受け入れることでしょうか。表現方法が変わっても、「自分は何が言いたいのか」をしっかり持っていれば、自分自身が変貌する必要はないと理解できると思います。

結論を先に言う

さて、今度は、日本語と英語のコミュニケーション・スタイルの違いという視点から、方略を一つ提案しておきます。英語で話す際には、自分が最も言いたいことを真っ先に言うことです。ある事柄について賛成か反対か、結論を先に言ってしまうのです。

英語の論理構成については『本物の英語力』でも説明しましたが、「大事なことを最初に」というのは英語コミュニケーションの鉄則です。日本語で話している時には、順番などは余り気にせず思いつくまま意見を言いますが、自分の話し方を客観的に振り返ってみると、大事なことはむしろ最後に出していることに気づくのではないでしょうか。もちろん、時と場合によって、そして人によって、日本語でも結論を先に言う人がいますが、それをやり過ぎる人は、理屈っぽいとか、押しつけがましいと受け取られてしまうことがあります。日本語では多くの場合、やんわりと話し始め、地ならしをしつつ、徐々に結論に持っていきます。

ところが、同じことを英語でやってしまうと、相手は何となく苛立ち、「この人、一体何を言いたいの？」という感じを持ってしまうようです。日本式にまずは理由から説明し、最後になって自分の主張が遠慮がちに出てくると、相手は「だから、結局、どう考えてるの？」と落ち着かない気分になります。相対して話している時は、それでも我慢して聞いてくれますが、メールでのやりとりとなると、最後まで読んでもらえるかどうか保証の限りではありません。

英語のスピーチ・コンテストでも、出場者が話しているのは英語なのですが、論理の組み立てが日本式で、自分の主張が最後に登場することがあって、ネイティブ・スピーカーの審査員が「何を主張したいのか良く分からない」と評します。日本語で原稿を書いてから英訳するので、そういうことになるのでしょう。英語のスピーチなら、最初から英語で書いて、論理構成が英語の定石《じょうせき》に沿っているかを確認する必要があります。

主張を述べる際に日本人は、I think... と始めることが多い、と言われます。「私は、……だと思います」を直訳しているのでしょう。英語母語話者でも I think を多用する人はいるので気にするほどのことではありませんが、時と場合によってさまざまな英語表現があることを知っておくと便利です。あまり断定的に言いたくない時には、I assume.../It seems to me that...と和らげる表現があります。「私の考えでは」と自分の意見であることを強調したければ、In my opinion, .../In my view, .../As far as I'm concerned, ...などの言い方で主張を始めても良いでしょう。自信を持って相手を説得したかったら、Believe me, this is effective, because...などと言えます。

アメリカの新大統領トランプ(Donald Trump)氏が大衆に人気を博したのは、小学校五年生程度のやさしい英語で話し、Trust me. を連発したからだという説があります。大統領選挙中の過激な発言が良いというのではなく、やさしい英語で主張して相手を説得することが可能だということです。

英語のスピーチとして見事だったのは、大統領選で負けたヒラリー・クリントン(Hillary Clinton)氏の敗北宣言(concession speech)です。英語でconcedeという動詞は「譲歩する」「しぶしぶ認める」「負けを認める」という意味で、その名詞形を使ったconcession speechは、大統領選挙で負けた側が敗北を認める演説を指します。ヒラリーが、支援者にお礼を述べた後、静かに語りかける姿は潔く堂々としていましたし、話す内容は胸を打つものでした。中でも私の心に響いたのは、Fighting for what is right is worth it.「正しいことのために闘うことには価値がある」という一言でした。自分が正しいと信じて闘うことは、たとえその時は負けて思い通りにならなかったとしても、価値がある、無駄ではない。

初の女性大統領というヒラリーの夢が実現しなかったことで、世界中の多くの女性が無念の思いでしたが、ガラスの天井（glass ceiling）と呼ばれる、目に見えない女性差別の障壁はいつか打ち壊すことができる、と若い世代を励ましたこのスピーチは、品格がありながら分かりやすい英語で、聞き手の心に届くスピーチだと思いました。

ディベートの意義——批判的思考力を養う

主張する際に使う英語表現はたくさんあります。先に紹介したI thinkに代わる英語の例は、冒頭に持ってくるべき表現ばかりです。でも、意見を主張する際に肝心なのは、その後に「何を」言うかです。しかし、それは、各人が何を主張したいのかによって変わってきますし、そのつど、相手も違えば主張の内容も異なります。英文のサンプルを提示しても、それが一人一人の意見を反映しているわけではないので、そのまま使えるとは限りません。どんな場合でも使える万能の英文サンプルなどありえないのです。Let me tell you what I think と始めた後は、自分で呻吟《しんぎん》しながら英文を組み立てて、自分の主張を自力で相手に伝えることになります。

そのためにディベートで主張や説得の方法を訓練するというのも一案ですが、高校生や大学生の英語ディベートを見ていて、これって、普通のコミュニケーションに使えるだろうか、と首をかしげることがあります。ディベートの形式に固執せざるをえないのは仕方ないとして、与えられた制限時間の中でいかに相手をやっつけるか、という目的が前面に出てしまい、聞き取れないくらいの早口でまくしたて、文献を引用しながらしゃべり倒す、という雰囲気が濃厚で、これを日常のコミュニケーションでやったら喧嘩になるな、と思うくらいです。英語教育の枠内で行うディベートは、賛成側反対側がそれぞれ主張を書いて暗記して読むだけという授業があったりしますが、これは論外です。ディベート教育の意義は本来なら批判的思考力を養うことにあるのですから、相手の主張に耳を傾けた上で批判するという、もっとコミュニケーションに焦点を当てた議論であって欲しいと思います。「ミスター円」と呼ばれ通貨政策で手腕を発揮した元財務官の榊原英資《えいすけ》・青山学院大学教授が留学していたアメリカの高校では、一回ディベートをしたら、次は攻守を変えて、これまで賛成だった側が反対側に回り、反対側が賛成側に立つのだそうです。そうすると、互いに相手の立場や視点を理解するようになるので教育的な効果があった、という思い出話に、なるほど、そういうディベート教育は試してみる価値があると思いました。大学の英語授業にディベートを導入すると盛り上がるのですが、ムキになり過ぎて、最後に負けた側が泣き出したりすることがあります。でも、ディベートは批判的思考と説得術を鍛える訓練なのですから、勝敗にこだわることはないわけで、立場を入れ替えてやってみるというのは名案かもしれません。

日本人は、主張するのが下手で説得が苦手だとされているので、ディベートはまたとない訓練なのかもしれませんが、日本人だって、十分に説得力がありそうだ、と感じたことがあります。ある時、駅のホームで電車を待ってベンチに座っていたら、隣に背広姿の男性二人が座り話し始めました。年配の方が主として話し、部下らしい若い方はメモを取りながら聞き役です。上司が言います。「さっきの俺の話し方を見てて、分かった？　相手の話をよく聞いて、それから、しゃべる。断られても諦めない。いいか、断られてからが勝負だからな」。もしかして何かの営業でしょうか。聞くともなく聞きながら、これって、対面コミュニケーションの極意、説得術のポイントじゃないか、と感心しました。とんでもないものを売っている営業だったら感心している場合ではないのですが、英語学習者も営業しているつもりで対話をすれば、自分の意見を主張し相手を説得できるようになりそうです。

まずは母語を豊かに

英語で意見を主張する際に、土台となるのは、母語です。いくら英文の用例を覚えても、主張を生み出す思考までは覚えられません。そして、その思考の根幹をなすのは母語です。母語は思考の源です。*(2)

大学生に英語スピーチを教えていた頃、支離滅裂なスピーチをなんとかしようと指導しているうちに、問題は英語力ではないことに気づいたことがありました。一体何を主張したいのだろうと、言いたいことを日本語で言ってもらうと、日本語ですら自分の意見をきちんと説明できない学生がいたのです。母語で言えないことを外国語で言えるわけがないので、まずは日本語で自分の考えを整理する訓練から始め、英語の授業が日本語の授業のようになったものです。

この頃から、日本で英語を教えるには、日本語を抜きには考えられないと思い始めたところ、海外でも最近は、外国語学習における母語の重要性が強調されていること*[3]を知るようになり、小学校での「英語科と国語科の連携」についての研究会*[4]を主宰しました。そのような問題意識の発端は、大野晋《すすむ》*[5]という国語学者との交流だったように思います。

大野先生は、日本語のルーツは南インドのタミール語にあるという学説を発表したことで有名ですが、『日本語練習帳』（一九九九年、岩波新書）という二〇〇万部を超える大ベストセラーで一般にもよく知られる存在でした。三〇年にわたり学習院大学の教授でしたが、定年退職してから勤務した東洋英和女学院大学は、私にとっては初めての勤務大学でしたので、先生から多くを学びました。英語について何か疑問があるたびに私に質問され、私

---

(2) 思考と言語の関係については多くの学説があります。その一つが、言語が思考を左右するという Sapir-Whorf Hypothesis（サピア＝ウォーフの仮説）です

(3) 欧州評議会「欧州言語共通参照枠」（ＣＥＦＲ＝Common European Framework of Reference for Languages)

(4) 中央教育研究所（二〇一三）「自律した学習者を育てる英語教育の探求―小中高大を接続することばの教育として―」プロジェクト

(5) 一九一九年東京に生まれ、二〇〇八年逝去

から日本語について質問されると、いつでも丁寧に、歯切れの良い東京弁で答えて下さいました。

その大野先生によれば、言語能力とは「豊かな語彙を持ち、事実をしっかりと見て、そのときどきにぴたっとあう表現ができる」*(6)ことです。『日本語の教室』(岩波新書)の中では、こうも語っています。

「もちろん、美しい日本語も大事です。しかし現在の日本にとって大切なのは、そうした感受に傾いた日本語の使い方ではなくて、正確な日本語、的確な日本語、文意の明瞭に分る日本語を日本人一般がもっともっと心掛けるべきだということです」

ここで突然ですが、ノーベル賞と日本語についての話です。日本人のノーベル賞受賞が相次いでいますが、その理由を分析することは肝要だと思います。近頃のように、役に立つかどうかという短期的な成果を求められ、若手研究者が専任職を得られないという劣悪な研究環境がこのまま続くとノーベル賞級の研究は無理になると懸念されており、地道な基礎研究を大事にすること、研究者が時間をかけて研究に打ち込むことができる環境を整えることの必要性は言うまでもありません。さらにもう一つ重要なのは、母語である日本語で学んだことがノーベル賞を生んだという見方です。

脳神経科学者の大隅典子さん（東北大学大学院医学系研究科教授・日本分子生物学会前理事長）がブログで、「母語と科学の関連」について語っています。*(7)

「なぜ日本人は毎年ノーベル賞を取れるのか」と題して科学ジャーナリストの松尾義之さんが述べている文章*(8)から、他のアジア諸国と異なり日本では「日本語＝母語で科学や技術を勉強することができた」ためノーベル賞受賞者が非西洋諸国の中でもっとも多いこと、「科学分野の勉強をする場合に、母語で深く学ぶことが可能であるために、オリジナリティのあるアイディアに繋がるのではないか」という主張を紹介した上で、「国語＝母語でしっかりロジックを教える、客観的な文章を理解し、書けるようにする教育は、もっと必要ではないでしょうか」と持論を展開しています。

---

(6) 朝日新聞、二〇一六年九月五日（月）37面　文化文芸「今こそ　大野晋」
(7) ブログ「大隅典子の仙台通信」http://nosumi.exblog.jp/ 七月三〇日
(8) 『新潮45』二〇一六年七月号特集記事「世界『日本化』計画」

幕末から明治へかけての我が国が、西欧近代文明を取り入れるため、幕府の蕃書調所《ばんしょしらべしょ》を中心として、西欧諸国の書籍を片っ端から翻訳し、日本に存在しない事物や概念であっても訳語を作り上げたことにより、日本人は日本語という母語で多様な分野について学ぶことが可能になりました。それが現代のノーベル賞受賞へ結びついているとすれば、母語の重要性は今こそ再認識されて良いのではないでしょうか。

豊かな語彙を持ち、的確な日本語を使える母語能力は、英語で自らの考えを表現する際に強固な土台となり強力な支えになるはずです。英語学習における母語の意義は、もっと真剣に考えられるべきでしょう。

(2)反論する

母語の日本語でも、誰かが言ったことに反論するのは気後れするし気も使います。ましてや日本社会では、反論自体を歓迎しない空気があり、学校の先生にせよ会社の上司にしろ、目上に逆らうことは良しとされない場合があります。自分の主張は飲み込んで「和」を保つことが求められるという価値観は、最近は変わってきていると感じることもありますが、現代でも生きていると実感することが多々あります。

教育で批判的思考（critical thinking）の重要性が言われるようにはなりましたが、なぜか日本語で「批判的思考」と言わず、「クリティカル・シンキング」などと、英語の音からかけ離れた聞き苦しいカタカナになっているのは、日本では「批判」が是とされないからでしょうか。もちろんインターネットでは批判が溢れていますが、それは感情的だったり個人攻撃だったりが多く、論理的思考に基づいた建設的な批判ではない。でも、健全な批判精神があって初めて反論できるのですし、人類社会の発展は批判精神に基づく議論があってこそですから、きちんと反論できることは大切です。

母語で考え、批判し、反論するという訓練が十分になされていないと、外国語である英語で、どのように反論するかに戸惑ってしまうのは当然です。

ここは黙っていた方が良いのだろうか。いや、英語では自己主張をはっきりすることが大事だと聞いている。思い切って正直に言おうか。でも、失礼にならないかな？

反論するというのは、対立を覚悟の上で言語での対決となるので、規範は文化によって異なります。日本社会はどちらかといえば対立や葛藤を避け、言葉での対決を曖昧にしますが、文化によっては対決が当たり前で、驚くほど率直にやり合います。ただし、「文化」というのは一枚岩ではなく、同じ国であっても、地域や社会的な階層、民族、性別、職業によって違う文化が存在するので、たまたま滞在した場所で体験したことが全国に共通の現象とは限りません。

一般化し過ぎないように留意しつつ、それでも何とか英語での反論の仕方を考えようと、文献やインターネットを当たったところ、驚くほど多くの資料が見つかりました。How to Disagree Without Being Disagreeable「感じ悪くならないように反論する方法」というタイトルの本*(9)もあれば、ウェブサイトもありました。英語が母語であっても、やはり反論することは難しいのだと分かりましたが、このタイトルで考えさせられました。

英語の disagree は動詞で、「意見が合わない」「異論を唱える」という意味です。I disagree. なら「私はそうは思わない」ですし、I totally disagree. となれば「全然そうとは思わない」です。誰かに反対することは、I disagree with...です。名詞は、disagreement「意見の相違」「意見の不一致」、形容詞が disagreeable で、「(人が) 愛想が悪い、付き合いにくい」「(仕事などが) 不愉快な、嫌な」という意味になります。

逆に、「意見が一致する」「賛成する」「合意する」は agree、「合意、意見の一致」は agreement で、形容詞の agreeable は「賛成できる」「愉快な、気持ち良い、感じが良い」です。ということは、人間は誰でも、人と意見が一致すれば心地よく、意見が異なれば不快になる。それでも、国や組織のことを考えれば反対せざるをえない、自分の信条を堅持するためには異論を主張せざるをえない、など反論を余儀なくされることは往々にしてあります。喧嘩別れしても構わない相手なら啖呵を切れば良いのでしょうが、それはむしろ稀で、たいていは、今後も付き合いを続ける間柄ですので、相手を傷つけたり怒らせたりしないよう、慎重に言葉を選びます。

失礼にならない反論の仕方

インターネットでは、ギクシャクしないで反論するための「**七つのヒント**」が挙げられていました。

(9) Haden, Elgin Suzette (1997) *How to Disagree Without Being Disagreeable: Getting Your Point Across with the Gentle Art of Verbal Self-Defense*. Jossey-Bass.

1. 口調に注意

「話の内容の倍くらい大切なのが話し手の声（voice/tone）。相手によっては声を荒らげることが効果を生む場合もあるけれど、重要なのは、自分で自分の声をコントロールすること。怒鳴りたくなったら、一呼吸入れて、どのように話すかを考えよう」というアドバイスです。これは日本語でも同じですね。

2. "you" は使わない

「あなたは」「君は」「お前は」と相手を主語にして話すと、戦闘モードになってしまうというのです。以下の例文で違いが説明されていました。

You always ask me to complete a last-minute assignment when you know that I already have my hands full.

「あなたは、いつだってギリギリになって仕事を頼んでくるじゃないですか。こっちが他の仕事で手一杯なのを知ってるくせに」

これでは、喧嘩腰。次のように言えば穏やかになります。

I'm feeling a little overwhelmed by the amount of work on my plate. Is there anyone else that can take that on?

「今は目の前の仕事でちょっといっぱいいっぱいなんですよね。誰か他にやってくれる人、いないでしょうかね」

資料を送ると言いながら、ファイル添付を忘れた人に対して、

You always forget to attach documents when you send an email.

「君っていつもメールで添付を忘れるよね」

と言ったら、相手はむくれます。失礼にならないよう注意するなら次がオススメ。

I had trouble locating the document you referenced in the email. Do you mind sending it again?

「メールでおっしゃっていた資料が見つからないのですが、再送していただけませんでしょうか」

「どんな人でも指図されるのは不快なので、"you" の後に命令形は、嫌われる」というのは、英語学習者にとっては、参考になります。確かに「オマエは」ときめつけられたら、上から目線で失礼な言い方ですから、お前に言われたくないよ、とムッとされるのは必至でしょう。

3.「えー」「あー」はやめる

どの言語でも、意味なく使われる「間《ま》を埋めるつなぎ言葉」(filler words) があります。日本語なら「えー」「あー」「あのう」「えーと」など。英語なら、"um," "ah," "uh" などです。"you know" や "like" などが口癖の人もいます。これは、ついつい出てしまうのですが、「聞き苦しい」「自信なげに聞こえる」から悪い話し方のクセを止めるべし、とのアドバイスです。

4. 反対する前に調べよう

「反対するなら、自分の論拠となるデータを集めて説得に使うべきで、反対のための反対ではないことによって説得力が増す」というアドバイスです。当然のことです。

5. 個人攻撃をやめよう

「個人攻撃的な発言」は、英語でpersonal remarks、「個人攻撃をする」はget personalと言い、転じて「険悪になる」ことを意味します。議論を個人的な問題にすり替えて攻撃すると生産的ではないのですが、議論が白熱すると、どうしても相手を脅したり、自分を守るために個人攻撃が始まります。

そうならないためには、「相手の性格ではなく、事実だけに会話の焦点を絞る。もし相手が個人攻撃してきたらムキになって反撃せず、『仕事と自分は違う』(you are not your job)と自分に言い聞かせるべし」というアドバイスです。

6．ボディ・ランゲージに注意せよ

「反論している時こそ、非言語コミュニケーションが大切だと思い知るべき。言っていることがきつくても、身振りや表情が違えば、きつい印象が薄れる」というアドバイスは、その通りだと思いますが、具体的になると、日本人には難しいことが分かります。「丁重に異論を述べたければ、相手の話を聞いている時に、主張を受け入れていますよ、という印象を伝えるために眉を少し上げてみるか、笑顔でうなづこう。その後で自分の主張をすれば、相手は自分の意見をちゃんと聞いてもらったと感じる」とボディ・ランゲージ専門家のアドバイスを引用しているのですが、文化の異なる私たち日本人が「笑顔でうなづく」はともかく、「眉を上げて聞きましょう」と言われても、それって、どういうこと？と困ってしまいます。それに、笑顔でうなづきがちの日本人が意識してやり過ぎるのも逆効果になりかねません。あんなにニコニコと賛成していたのに、結局は反対だったんじゃないか、と裏切られた気持ちに相手がなったら失敗です。

うーん、非言語コミュニケーションは難しい。

7．譲れないものを知る

英語で、non-negotiableは「交渉の余地がない」ことを指します。「non-negotiables」が、自分にとっては何なのかを見極めて、妥協できることとできないことを知ること」というアドバイスは、日本語で言えば「落とし所を見つけて折り合う」ことでしょう。

なーんだ、そんなことなら知ってるよ、という声が聞こえそうです。

それでは、今度は、もう少し英語に焦点を当てて、適切な表現を探してみましょう。

意外に丁寧な英語

まず言えるのは、英語では何でもはっきり言う、という思い込みは必ずしも当たっていないという事実です。むしろ、相手に配慮して慎重に反論を述べる様子が見られます。

I see what you are saying./I see what you mean./I understand what you are saying.「おっしゃりたいことは分かります」、You have a point in what you say.「ご意見はもっともです」、I basically agree with you.「基本的には賛成です」など、相手の言い分に理解を示した上で、自分の主張を加える、というパターンです。

そして次に見られるのが、主張は明確にするけれど、言い方は和らげる、というパターンです。It seems to me...「私、思うんだけど……」、I'm not so sure about that.「それは、どうかな」、I'm afraid...「思うんですけど……」、Yes, but...「そうですね、でも……」、Not necessarily.「そうとも限らないんですよね」などの表現を使い、これが絶対、と断定しない言い方をしながら、次には自分の主張を理路整然と述べるのです。

主張は明確にしながら、言い方を和らげるには、間接的な反論（indirect disagreement）があります。よく使われるのは、Well.../In my opinion, .../Actually...などで始める方法です。やんわりと「これから私が言うことは、今のあなたの意見に反対の主張です」と予告することになり、相手は心の準備ができます。

その他に、失礼にならない反論の仕方には次のような方略もあります。

1. 部分的に賛成する

I agree with you to a point, but...

「おっしゃっていることに賛成のところもあるんですけど、……」

I understand what you are saying. However...

「おっしゃっていることは理解できます。しかし……」

I see what you're saying, but...

「おっしゃっていることは分かるんですけど、……」

2．言い方を和らげる

I'm afraid I don't agree.
「どうも賛成しかねるんです」
I'm sorry, but I just can't agree.
「すみません、どうしても賛成できないんです」
Sorry, but I really can't agree to that.
「ごめんなさい、どうもそれには賛同できないんですよ」

3．一般化して異論を唱える

Hmm, I wonder if it's true that...
「うーん、それって本当にそうなんでしょうか……」
Hmm, I'm not sure it can work like that.
「うーん、そういう具合に行きますかねえ」

Hmm, I'm not sure whether it's possible.
「うーん、それって可能ですかねえ」

4. 全面的な否定を避ける

I don't think that's such a good idea.（It's a bad idea. はダメ）
「それほど良い案ですかね」
I don't think I can agree with you.（I disagree with you. はダメ）
「おっしゃる通りだとは思わないんです」
I'm not sure it's the best idea.（It's the worst idea! はダメ）
「それが最善の策なんでしょうか」

これは、ビジネスや国際会議で、良好な関係を保ちつつ建設的に異論を述べる際の表現として紹介されていたものですが、*(10) 日常生活でも十分に使えます。
英語母語話者へ向けてのアドバイスを読んでみると、中には矛盾するアドバイスもあります。「うーん」などのつなぎ言葉は自信なげに聞こえるというアドバイスと、丁重に反論するには、Hmmなどとあいづちを打ってから、やんわりと意見を言う方が良いというアドバイスもあります。どうすりゃいいの、と思いますが、反論のメッセージはきちんと伝えるけれど、伝え方や表現の仕方は、日本語と同じように注意深く、丁寧に、ということは共通しています。人間関係を円滑にするのがコミュニケーションなのですから、相手の気持ちを傷つけないように配慮して意見を言うのは、当然の気配りということでしょう。

(3)依頼——「英語の敬語」を知る

外資系企業で活躍している人が、自分の英語について注意されたことがある、と体験談を語ってくれました。

「君の英語は直接的過ぎる」と言われたのだそうです。

---

(10) http://www.targettraining.eu/wp-content/uploads/2014/03/Aktion-109-e1396249675906.jpg 2793 5573 Jennie Wright (Retrieved August 20, 2016)

直接的に率直に言うのが英語だと思い込んでいたので、ショックだったようです。その後、周囲で使われる英語を注意深く聞いてみると、「英語にも敬語があるって、分かった」と言うのです。日本語のような敬語はありませんが、丁寧な表現はありますし、特に何かを頼む時には、極めて丁重な英語を駆使して頼みます。「プリーズをつけるだけじゃダメなんだ」と学んだ彼は、今ではWould you...?/I would appreciate it if you could...を使いこなすようになったので、恐らく人間関係も商談も円滑に行くようになったはずです。

学校で習うのは、Please sit down.「お座り下さい」のように命令形にpleaseを付ける依頼方法で、これは基本です。ただ、言葉の難しさは、この基本的な依頼文も言い方によっては押し付けがましく聞こえることもあり得ることです。強い口調で、にこりともせずSit down, please. と言えば、場合によっては、命令に近くなりかねません。丁寧な依頼にするなら、言い方をやわらかくする、あるいはWould you like to sit down?「お座りになりますか?」と相手の意向を聞く質問にするなどの方略があります。

日常生活でも仕事でも、誰かにものを頼むことは頻繁に起こります。依頼の内容が重いほど、つまり自分としては是非とも頼みたい、しかし相手にとっては負担になる、というような依頼は、頼み方も丁寧度が増します。そのような場合に使うセンテンスには幾つかの候補があります。

以下はほんの一例ですが、丁寧度の低い依頼文から高い依頼文まで列挙してあります。

(1) Please write a letter of recommendation for me.

「推薦状、書いて下さい」

(2) Would you please write a letter of recommendation for me?

「推薦状を書いて下さいますか?」

(3) I wonder if you could write a letter of recommendation for me.

「推薦状を書いていただけないでしょうか」

(4) I'd appreciate it very much if you would write a letter of recommendation for me.

「推薦状を書いていただけたら大変有り難いのですが」

(5) I would appreciate it very much indeed if you would be so kind as to write a letter of recommendation for me.

「よろしければ推薦状を書いていただくお願いができたら本当に有り難いと存じます」

お気づきのように、［命令形＋please］は丁寧度が低く、仮定法を使うと丁寧度が増し、センテンスが長ければ長いほど丁寧になります。この方式を知っていると、依頼内容に応じて頼み方を違えることができます。この使い分けができることは、すなわち、「話し方の社会的規則」を知っていることになり、ある社会の中で適切に言語を使用できる「社会言語的能力」が備わっていることになります。

(4) 断り――「基本ルール」を理解する

社会言語的能力に含まれるさまざまな「話し方の社会的規則」の中で、難しいのは「断り」でしょう。依頼を引き受ける場合は、Sure./No problem./Of course./My pleasure. など、簡単な言葉で「あ、いいですよ」と答えれば済みますが、断るとなれば言い方を慎重に考えなければなりません。

依頼されて引き受けてあげたいのはやまやまだけれど、事情があってどうしても断らざるをえない、という場合に、相手を傷つけず、今後も気持ち良い付き合いを継続できるような配慮をしながら、しかし、引き受けてくれたと誤解されたら困るので、きちんと断る、というのは母語であってもなかなか苦労するものです。言い方ひとつで相手はムッとしてしまい、その後はお互いの人間関係が何となくギクシャクすることもありますし、断られて恨みに思う人もいます。

まして外国語の場合は、その言語が話されている社会における「話し方の規則」がどうなっているか十分な知識がありません。国際共通語としての英語を使うといっても、英語としての「話し方のルール」を誰もがある程度は知っておく方が、摩擦が少なくなります。自分らしい英語でも良いのですが、日本語での断り方をそのまま使うと、誤解されてしまうこともあるのが厄介です。

細かいところは気にしないとしても、英語で断る際の基本ルールだけは知っておくと便利です。

それを端的に説明すると、次の方式です。例えば、同僚の自宅での夕食に招かれたけれど、行かれない、と断る場合を想定してみます。

(1)「招待してくれたことに感謝」

(2)「本当はどんなに招待を受けたいか」という気持ちを説明
(3)「でも」(but) と続け、「断り」を予告
(4)「残念だけど、○○だから行かれない」と理由を添えて明確に断る
(5)「次の機会を楽しみにしている」と締めくくる

聞いている側は、butが出たあたりで、「あ、来られないんだ」と察知します。そして重要なのは、その後に続く「○○だから行かれない」という○○の部分です。ここには具体的な理由を入れます。何でも良いのですが、具体性が大事です。「田舎の両親が訪ねてくる」でも「子供を遊園地に連れていく約束をしてある」でも「入院している祖父を見舞う予定を入れてある」等々。プライベートなことであっても、病気や事故など悪いニュースであっても構いません。理由について何も触れないのはルール違反になります。避けたいのは「ちょっと都合が悪いので」「先約があるので」という曖昧な理由です。単なる口実だと受け取られてしまい、良い感情を持たれない可能性があります。

なるほどと思われたでしょうか？　そんなあ、と思われたでしょうか？　実は、具体的な理由を挙げることに、日本人は心理的な抵抗を感じる人が多いようです。私的な家庭の事情を話すのはいかがなものかと迷ったり、入院だの葬式だの不幸な話は相手に心理的な負担を与えかねないので日本社会ではよほど親しい間柄でなければ口にしません。そこでいつでも何にでも使える便利な常套句が「ちょっと都合が悪くて」になるのですが、これは英語では「逃げ口上」ととられてしまうので困ります。英語ではルールが違うんだ、と割り切って、英語式で断るしかないわけで、こういうことこそが、「英語を使うのは異文化との葛藤」となる所以です。

(5)謝罪

外国語で失礼にならないよう「断る」ことは簡単ではないのですが、それと同じか、それ以上に困難なのは、「謝罪」です。個人レベルでも微妙ですが、国家間での謝罪となれば、国内事情や国民感情などさまざまな思惑が絡み、言葉の使い方に神経を尖らせます。

謝罪の例

戦争の怖さは被害者が加害者にもなることで、原爆投下の被害者である日本は、アジア諸国では加害者でした。日本初の女性同時通訳者であった相馬《そうま》雪香《ゆきか》さんは生前、「被害者のつもりで戦後すぐにスイスでの国際会議に行ったら、日本は加害者だと言われて、ショックを受けた」と語っていました。

第二次世界大戦での日本軍の行為に言及する際には、「どのように詫びるか」が問題となります。日本語で話された内容が訳されて英語で発表されるので、英語でどう謝罪を表現するかは大問題[*11]です。

近年では、安倍首相が二〇一五年四月、アジア・アフリカ会議（バンドン会議）首脳会議での演説（二二日）でも、米国議会における演説（二九日）でも、第二次世界大戦に言及した箇所で、deep remorse という表現を使いました。日本政府は remorse を「反省」としました。先の大戦中の日本による「アジア諸国に対する植民地支配と侵略へのお詫び」を安倍首相がバンドン会議での演説に盛り込むかどうか注目していた日本のメディアは、「反省」を口にしても「謝罪には踏み込まなかった」と総括し、未来志向だと評価した産経新聞以外の各有力紙が、程度の差はあっても批判的な社説を掲載しました。[*12] これは具体的に「侵略」や「植民地支配」に言及しての「お詫びの言葉」がなかったからのようです。「深い反省」だけではお詫びにならないことが分かります。

しかし安倍首相は、国内向けには謝罪とならない「反省」という日本語を使っても、英語の演説では remorse を使っています。

remorse は「深い後悔」を意味し、日本語の「反省」や英語の regret「後悔、残念な気持ち、遺憾」よりはるかに強い語感です。日常生活で謝罪の気持ちを表すには regret で十分ですが、外交として謝罪の意を強調し remorse を使ったと思われます。西ドイツのコール首相（当時）が一九八九年九月、第二次世界大戦勃発五〇年を踏まえて行った演説の英訳で、米ニューヨーク・タイムズが remorse を使ったことがあります。安倍首相のバンドン会議での演説や米議会演説にあたっては、首相の英語スピーチライターである

(11) 河原清志（二〇一六）「安倍首相の演説・談話の英日語対訳の等価性と外交戦略」（日本国際文化学会第15回全国大会（早稲田大学）共通論題「国際関係における通訳翻訳の文化構築性と社会的役割」における研究発表）でも幾つかの事例を取り上げている

(12) ザ・ニュー・スタンダード、二〇一五年四月二八日（火）

谷口智彦・内閣官房参与が事前に訪米し、米側の意向を探ったと報道されています。[*13]
安倍首相は同じ英語の演説で、repentanceという英語も使いました。日本政府の訳では「悔悟」ですが、英語では「悔恨」「改悛」「懺悔」「悔い改め」という意味で、単に自分の行いについて後悔するのではなく、神の前で罪を認め、真摯に悔い改めることで神から許される、という宗教的な意味合いが強くなります。[*14]
どちらの用語も使用の前例があり、一九九五年に当時の村山富市首相が「戦後五〇年談話」で、過去の植民地支配と侵略について同じく、deep remorse（深い悔悟）という英語で詫びました。日本語では「痛切な反省」「深い反省」となっています。真珠湾攻撃や、旧日本軍が米兵捕虜などをフィリピンで歩かせ多数が死亡した「バターン死の行進」については、deep repentance（深い悔悟）が使われました。
二〇一六年一二月二六〜二七日には、真珠湾攻撃七五周年に合わせ安倍首相が真珠湾を訪問しましたが、あくまでも「戦没者の慰霊のためであって謝罪のためではない」[*15]（菅義偉官房長官）とされています。オバマ大統領が広島で謝罪をしなかったのだから、謝罪の必要はないということかもしれませんが、外交ではそもそも謝罪をするかしないかが大きな決断となりますし、国内事情と対外的配慮を組み合わせての訳語選択となるのは、これま

での外交史でも事例が少なからずあります。[*(16)]

真珠湾攻撃について、かつて日本が「反省」という言葉を使い、それがremorseと英訳されたところ、米国メディアから「日本語の〈反省〉は、英語で言うならreflectくらいで、remorseまでの意味はない」と疑問が呈されたことがありました。reflectは「振り返る」、reflectionは「振り返り」として最近の教育で重要な概念となっていますが、さて、日本語の「反省」はどれほどの重みが実際にあるのでしょう。それを突き詰めないと、最適な英語が選べないことになります。逆に言うと、日本語のままでは曖昧にしておくことができても、英訳する段階で、その曖昧さを明確にすることを迫られることになります。

---

(13) YOMIURI ONLINE 二〇一五年四月二四日（金）
(14) Baker's Evangelical Dictionary of Biblical Theology
(15) 産経ニュース、二〇一六年一二月六日（水）
(16) 鳥飼玖美子（二〇〇四）『歴史をかえた誤訳』新潮文庫、（二〇〇七）『通訳者と戦後日米外交』みすず書房

謝罪しなかったオバマ大統領

二〇一六年六月にオバマ大統領が現職のアメリカ大統領として初めて広島を訪問した際には、「謝罪をしない」ことが事前に明らかにされました。広島・長崎への原爆投下によって日本が降伏したことで多数の人命が救われたと信じているアメリカ国民が多いという、国内的な状況を反映してのものです。当初の予定よりは長いスピーチとなり、日本では概ね好意的に受け止められたと言えるでしょうが、「アメリカが原爆を投下した」とは言わず、"Seventy-one years ago, on a bright cloudless morning, death fell from the sky and the world was changed." という婉曲な表現に物足りないものを感じた被爆者がいたのは当然でしょう。

話は少しそれますが、この文章は新聞社によって日本語訳が違います。翻訳によって、どれだけ読んだ際の印象が変わるかを理解していただくため、次に列挙してみます。

「七一年前、雲一つない明るい朝、空から死が落ちてきて、世界は変わった」

（共同通信社）

「七一年前のよく晴れた雲のない朝、空から死が降ってきて世界は変わった」（日本経済新聞）

「七一年前の快晴の朝、空から死が降ってきて、世界は変わってしまった」（読売新聞）

「七一年前、明るく、雲一つない晴れ渡った朝、死が空から降り、世界が変わってしまいました」（朝日新聞）

「七一年前、雲ひとつない明るく晴れわたった朝、死が空から落ちてきて、世界は変わってしまいました」（鳥飼訳）

“a bright cloudless morning”は難しい単語もなく、分かりやすい英語ですが、翻訳は、「快晴の朝」という短い日本語から、「雲一つない明るい朝」「よく晴れた雲のない朝」「雲一つない晴れ渡った朝」「雲ひとつない明るく晴れわたった朝」まで五種類あります。私の訳が最も長いのですが、真っ青に晴れ渡った真夏の朝に落とされた原爆の様子を描写した被爆者の証言に影響されているかもしれません。

原爆はアメリカが投下した（The U.S. dropped an atomic bomb.）のですが、オバマ大統領は、"death fell from the sky"として、「誰が」と明記することを避けました。さて、これを皆さんならどう訳しますか？

「死が空から降り」は、何か自然現象でもあるかのような表現で、その意味では発言者の意図を最も忠実に反映しているのかもしれません。「空から死が降ってきて」も同様ですが、「降り」よりは被害を被った感じが出ているかもしれません。「死が空から落ちてきて」と私が訳したのは、原爆が落とされたことをふまえており、共同通信社の日本語訳と同じです。原爆という「死」は、広島に「落ちた」のか「降った」のか「降りた」のか。どういう日本語を選ぶと、原爆を投下された側の思いが滲み出るか、いや、そのような感情は交えずに、アメリカ大統領の意図に沿い原文に忠実に訳すべきか、という判断を翻訳者はしなければなりません。

その判断は、"the world was changed"の日本語訳でも同様です。「世界は変わった」がふつうでしょうが、「世界が変わってしまいました」「世界は変わってしまいました」となると、そこにある種の気持ちが込められていますし、「世界が」なのか「世界は」なのかも微妙な違いです。特筆すべきはオバマ大統領が"the world was changed"と受け身形を使っていることです。change という動詞は、自動詞として「変わる」「変化する」としても使われますし、他動詞として「〜を変える」「〜を変化させる」という使い方もあります。英語は、能動態を使うのが通常ですので、受動態を使う場合は、そこに何らかの意思や選択が存在します。この箇所を"the world changed"とすることは文法的には可能でしょうが、意味としては不自然です。アメリカが原爆を広島・長崎に落とした結果として「世界は変わらざるをえなかった」のですから。しかし、"the world was changed by…"という隠れた主語があるはずなのを隠れたままにしておくためには、"the world was changed"とするしかない。それを日本語にどう訳すかも、翻訳者の選択です。

オバマ大統領の演説を「です／ます」調に訳すか、「である」調にするかでも翻訳者は選択を迫られますが、私なら、これが書かれた文書ではなく、人々に語りかける言葉であることから、迷わず「です／ます」を選びます。ただし、この日本語訳は現場での通訳ではなく、新聞報道ですから、なるべく字数を減らして内容だけを伝える、という目的で「である」にすることはありえます。当日、オバマ大統領の演説を聞いていた人々が耳にイヤホンをつけていたのを不思議に思った視聴者がいたようですが、あれは同時通訳を聞いていたのでしょう。そして、その場でオバマ大統領の演説を同時通訳した通訳者は、おそらく「です／ます」調で語りかけるような日本語に訳したはずです。

I'm sorry.

翻訳論に発展したところで、話を「謝罪」に戻しましょう。

個人レベルでは、remorseやrepentanceを用いることはそれほど頻繁ではなく、regretの方が多く使われるでしょうし、日常的には何と言っても、I'm sorry.です。

アメリカでは訴訟になるからI'm sorry.と言わない方が良い、と言われた時期がありましたが、一九八六年マサチューセッツ州で、「I'm sorry法案」が立法化され、テキサス州、バーモント州、カリフォルニア州などでも立法化されました。この法律が生まれたきっかけは、自転車に乗った一六歳の少女が車にはねられて亡くなった事故でした。被害者の父親は当時、州上院議員で、どんなに頼んでも事故の加害者が謝罪してくれないことを嘆き、「詫びる言葉さえ封じられたのでは社会生活が立ち行かない」と法案を考えたとのことです。

I'm sorry法は、事故を起こした直後に謝るのは人間の自然な感情なので、交通事故の現場で謝っても、その言葉を、非を認めた証拠にはしない、法的責任を認めたとは解釈しない、という法律です。ただし、裁判での証拠にされないのは「すみませんでした」「ごめんなさい」「申し訳ない」など、とっさの一言だけで、「すみません、私が脇見をしていたもので」まで言ってしまうと、「脇見をした」という部分は裁判で不利な証拠に使われる可能性があるとのことです。

事故を起こしたら謝ってよい、とはなったけれど、余計なことは言わず、とっさの一言だけで済ませるのが、アメリカでの新しい流れのようですが、これは日本社会における「謝罪と反省」を強く求める文化とは相当な距離があります。

裁判での謝罪

謝罪についての文化差が端的に表れるのが、外国人が関わる裁判での法廷通訳です。例えばスペイン語を母語とする被告人が「反省の弁」を述べても、「迷惑をかけたことを許していただきたい」と原語に近く日本語訳すると、謝罪と受け取らない裁判員もいるとのことです。[*(17)]「申し訳ありません」と日本語として自然な訳にすると謝っているように

(17) 法廷通訳については、吉田理加（二〇一四年）「法廷通訳と言語イデオロギー――通訳を介した法廷談話の言語人類学的考察」（立教大学大学院異文化コミュニケーション研究科博士学位論文）に詳しい

聞こえる。日本の裁判では、反省の度合いが重視されるので、訳し方ひとつで被告人の印象が変わってしまい、量刑に影響を与えかねないことになります。*(18)

謝罪が難しいのは、文化によって詫びるべきこととその表現の仕方が異なるからで、場合によっては、謝るつもりはないのに謝罪と受け取られてかえって損をすることもあります。

二〇〇九年の覚醒剤密輸事件の裁判員裁判では、覚醒剤三キログラムを報酬目当てでドイツから関西空港に運んだとして、覚醒剤取締法違反の罪に問われたガルスパハ・ベニース被告の発言を、英語から日本語へ訳した際に、不正確な訳があったと問題になりました。

例えば、被告人質問で弁護人から「結果として覚醒剤を持ち込んでしまったことへの思い」を問われた際に、被告人は英語でI felt very bad.「とっても嫌な気持ちになりました」と答えたのですが、通訳人が「非常に深く反省しています」と日本語に訳しました。その場で咄嗟に訳すので、「とっても嫌な気持ち」の内容を斟酌する余裕がなく、日本人なら「反省しています」と言うところだろうと考えたのかもしれません。ところが、無罪を主張している被告人が急に反省の弁を述べたことになり、裁判員の心証形成に影響を与えた可能性が出てしまいました。
　この裁判では、大阪地裁が二日間の審理過程をすべて録音したＤＶＤの鑑定を法廷通訳専門の水野真木子・金城学院大学教授に依頼し、被告の発言の六六％（六一件中四〇件）で、意味を取り違える「誤訳」や、訳の一部分が欠落する「訳し漏れ」があったことが判明しましたが、懲役九年、罰金三五〇万円の判決は覆りませんでした。[19]
　裁判員裁判では一般市民が法廷での審理に参加するので、従来の裁判以上に法廷でのやりとりが重視されることになり、法廷通訳者の質を確保するための検定試験や研修などが課題となっています。これについては第6講で詳述します。

「ご迷惑」が招いた外交問題

日本語で「ご迷惑をかけました」は頻出しますが、この表現が「謝罪」に当たるかどう

⒅　朝日新聞、二〇〇九年九月七日（水）社会面「外国人被告に通訳付き公判　さいたま公判」
⒆　朝日新聞（関西版）、二〇一〇年三月一九日（金）27面「裁判員裁判で通訳ミス多数　専門家鑑定　長文は6割以上」

か、外交で揉めた事例があります。[*(20)] 一九七二年九月二五日、田中角栄首相が周恩来首相主催晩餐会で演説を行った中で使った「ご迷惑」です。

「過去数十年にわたって、わが国が中国国民に多大なご迷惑をおかけしたことについて、私は改めて深い反省の念を表明する」

この発言が中国語に訳されると、中国側が憤慨し日中国交回復交渉が一時暗礁に乗り上げたとされています。日本語の「迷惑」の意味を調べると、「どうしてよいか迷うこと」「困り苦しむこと。難儀すること」「他人からやっかいな目にあわされて困ること」(広辞苑)とあります。「迷惑」に相当する中国語の単語の意味は「手間がかかる」「くどい、細々とわずらわしい」「人に面倒をかける、煩わす」「邪魔をする」(小学館中日辞典)となるようですが、どうやら中国側は「迷惑」では軽すぎる、と感じたようです。

この翻訳を準備したのは、当時の外務省中国課長である橋本恕《ひろし》氏。実際に通訳を担当したのは、在香港日本総領事館の小原育夫氏であり、橋本課長は「断じて誤訳ではない。(訳語は)プラスもしなければマイナスもしない。原文にあった言葉を探してくるほかない」と主張したようですが、中国側は通訳者の誤訳だと捉えました。

この齟齬について、日本側は中国側と車中会談を行い、大平外相が「ご迷惑」は、「誠心誠意の謝罪」としても使うことを説明しました。田中首相は、自作の漢詩を周恩来首相との会談に持参し「迷惑とは誠心誠意の謝罪であった」と釈明しました。中国側は弁明を受け入れ、両国は日中共同宣言発表に至りました。中国語通訳者である平塚ゆかり氏は、同じ漢字を使っても日本語と中国語では意味がずれる場合があるので、「同文同種」という幻想に甘えるのは危険であること、このような危機的状況になると必ずと言って良いほど、「通訳者の誤訳」と片付けられることの理不尽さを指摘しています。

「ご迷惑をおかけしました」は、日本語では日常的に使われますが、この含意は使われる時と場合、つまりコンテクストによって多様なので、英語に訳すとなると苦労します。

---

(20) 平塚ゆかり（二〇一六）「『同文同種』がもたらす日中間対立―外交における通訳・翻訳の功罪」（日本国際文化学会第15回全国大会（早稲田大学）共通論題「国際関係における通訳翻訳の文化構築性と社会的役割」における研究発表）に詳しい

幾つかの辞書を見ると次のような英語の例文が出ています。

I'm sorry to have caused you trouble.（「迷惑」は、「トラブル」となっています）
Sorry to be a bother.（「迷惑」は、「邪魔」となっています）
We apologize for the inconvenience.（「迷惑」は、「不便、不都合」となっています）

こう見てくると、日本語の「迷惑」には、相手の負担になった場合や、邪魔してしまった時などから、謝罪とまではいかない軽い挨拶まで、かなり意味の範囲が広いことが分かります。
Sorry to bother you at this late hour.「夜分にお邪魔してすみません」などのように具体的な「迷惑」は英語になりやすいのですが、その他も状況に応じて表現や使う単語を替え、場合によってはSorry.ではなく、Thank you for helping me.などとお礼に代えた方が英語として自然になることもあります。

日常生活でのお詫び

外交や裁判での謝罪について説明しましたが、日常生活でも「謝る」という行為は頻繁に起こるので、英語での謝り方は知っておく方が良いでしょう。

うっかり何かをしてしまった際は、Oh, I'm sorry!「あ、ごめんなさい」を使えます。

もっとも汎用性の高い謝罪表現でしょう。

ただし、深刻な謝罪には語彙からして考える必要があります。

I am deeply sorry.
「深くお詫びします」
I apologize for what I have done.
「自分のしたことについてお詫びします」
I regret very much that I inadvertently hurt you.
「心ならずも傷つけてしまったことをとても悔んでいます」

ここで必要になるのは、本当に申し訳ない、という真摯な思いと、それを表すことを可能にする語彙力です。I'm sorry. の一点張りではなく、その時の気持ちを状況に合わせて表現できるようになると、英語をコミュニケーションに使っていることになります。

第5講　困った時の方略とは

(1)聞き取れない、分からない

　リスニングが難しいのは、自分の努力がそのまま生きるわけではなく、相手次第だからです。リスニング教材なら、何度も繰り返し聞き直すことが可能ですが、現実の会話で、巻き戻しはできません。話し相手が何を言うのか予想できず、完全に受け身で待つしかありません。これほど怖いことはありません。

　加えて、その相手が話す英語は千差万別です。英語は国際共通語ですから、お国訛りの英語が行き交い、中にはとても聞き取りにくい英語もあります。

　ではネイティブ・スピーカーなら明晰な英語を話すかといえば、さにあらず。日本で長年英語を教えている教師は別として、英語学習教材のように標準英語を分かりやすくゆっくり話してくれる人などほとんどいませんし、地域によって発音や語彙が違い、個人的な話し方の癖もあります。立板に水タイプもいれば、ボソボソだったりモゴモゴだったり。英語話者なら誰もが分かりやすい正しい話し方をするわけではないことは、日本語だって話し方の上手下手はピンからキリなのを考えれば当たり前のことなのですが、なぜか英語の場合は、ネイティブ・スピーカーの英語が聞き取れないとなるや、学習者は、まだまだ勉強が足りないと自分を責めるか、学校英語でちゃんと教えてくれなかったからと学校を恨みます。そろそろ、その自虐的もしくは被害者的意識から脱却しませんか。

リスニングについてのおすすめは、開き直ることです。リスニングは相手があることだから難しくて当たり前、努力が正当に報われないのは仕方ない、と割り切るのです。そして、前向きに対策を考えるのです。

リスニング方略として考えられるのは、三つあります。

(1)完璧主義を捨てる
(2)背景知識と想像力を駆使して先を読む
(3)「あなたは何を言ったのですか?」と相手に聞く

完璧主義を捨てよう

リスニング方略の第一は、完璧主義を捨て去ることです。これは発音にも言えることですが、リスニングの場合も有効です。具体的には、すべてを分かろうとしないこと。全部を理解できなくても構わないと開き直ることです。

この開き直りが大切なのは、どうも完璧主義の学習者が多く、聞いたことのすべてが分からないと満足できず、自分を責めてしまうからです。でも、人の言ったことを百パーセント理解することなど、母語でもなかなかできることではありません。

同じことを聞いても、その内容を再現してもらうと、理解度も再生率も千差万別です。重要な箇所を聞き取れていないで、「えっ？　そんなこと言ってたっけ？」と言う人は必ずいます。会議の議事録が必要なのは、記録しておかないと、同じ会議に出席していながら理解した内容が各人で違ったりするどころか、全く逆に受け取る人もいるからです。

先日も、ある講演会で、質疑応答になったら、参加者が私の話したことを理解していないことが判明しました。政府の「グローバル人材育成戦略」について語ったのですが、質問者曰く「先生は、グローバル人材には英語が不可欠だとおっしゃいましたが、私はそれに疑問があります」。そこで、「いや、それはちょっと誤解です。グローバル人材に英語が不可欠だと強調しているのは政府文書であって、私はそれに対し、英語力だけがすべてではないと、批判的なコメントをしたつもりです」と答えました。日本語で話していても、私の話したことが正反対に受け取られていた、というか、誰の意見であるかを聞き損ね、取り違えてしまったようです。

ということは、英語で聞いたことを理解できないのはやむをえないということです。まずは、それを肝に銘じることではないでしょうか。単語が一つ分からなかったことが気になって次に集中できず挫折するのは完璧主義のせいです。なんか知らない単語があったけど、ま、いいや、次にかけよう、大体の意味がざっくり分かればいいんだ、くらいの大胆さに切り替えましょう。

これも講演会での質問で聞かれたことですが、「単語は聞き取れているつもりなんですが、the とか that とか it とか、細かいところをはっきり発音してくれない人が多くて、聞き取れないのが悩みです。どうしたらいいでしょうか」。

そこまで聞き取らないと満足できないのかと驚きました。例示されたものは、冠詞や接続詞や代名詞など、すべて「機能語」(function words) と呼ばれ、その単語自体に重要な意味があるわけではないので、話す際には原則として、強めず弱く発音します。だから聞き取れないのでしょうが、聞き取れなくても構わないので弱く発音しているとも考えられます。大事なのは、内容を表す「内容語」(content words) ですので、こちらは強く発音します。耳に入ってくるはずです。

もっとも、その肝心の内容語がたまたま知らない単語だったり、聞き取れなかったりするかもしれません。それでも慌てないことです。本当に大切なことは繰り返して言うことで強調するのが話し言葉の特徴ですので、言い方を変えて同じ内容が再び登場するかもしれないと、次を待てば良いのです。

それでも、そもそも知らない単語は聞き取れないし理解できないわけですが、それについての対応は、次の方略が使えます。

先を読もう!

リスニング攻略には、同時通訳方式が効果的です。一つは「予測」(anticipation)、もう一つが「推測」(inference) です。

同時通訳者は、英語を聞きながら同時に日本語に、日本語を聞きながら同時に英語に訳出します。これは日本語と英語のように語順が逆の場合には本当は無理で、同時通訳が初めてニュールンベルク裁判で試みられた第二次世界大戦直後は、英語―日本語間の同時通訳は不可能だと考えられていました。*(1) それでも現在は、同時通訳が実施されています。

なぜ語順が反対なのに、同時通訳が可能なのでしょうか。実は、必ずしも最後まで聞かずに通訳しているからです。それを可能にしているのが、「予測」です。この人は、こういう目的で話しているのだから、話の流れはこうなるに違いない、と先を読んで英訳していくのです。最後の最後になって、「……というような事実は全くございません」などとドンデン返しがあると後始末が大変ですが、通常は、それほどの失敗はなく、予測が同時通訳を可能にしてくれます。

もちろん、このためには周到な準備が必要で、当たるも八卦、一か八かで無謀な先読みをするわけではありません。通訳する場合には、どのような目的で、いかなる場でコミュニケーションが行われるのか、参加者はどういう人か、ということを含めて背景知識を蓄えて本番に臨むからこそ、発言者の意図を汲みつつ、先読みができるのです。

(1) 鳥飼玖美子（二〇〇七）『通訳者と戦後日米外交』みすず書房

そして、次に「推測」です。

いくらプロの同時通訳者でも知らない単語はありますし、たまたま聞き逃してしまうこともありえますが、背景知識が万全なら、万が一知らない単語が出現しようと、雑音が入って聞き落とそうと、およその意味を「推測」することができます。

背景知識に助けられて未知語の意味を推測し、話の流れを予測することで、同時に通訳することができるのです。

この方略は、英語学習者も使えそうです。

語彙が多ければ強いですが、現実のコミュニケーションでは未知の単語が現れることは避けられません。そのたびに、「うわ、分からない」「こんな単語、知らない」と焦っていては、聞き取ることができなくなります。話されている内容についての背景知識を活性化し、こういう場なのだからこういうことを言ってるのかな、と常識や想像力をフル稼動させて、およその意味を推測するのです。当たらずとも遠からず、で切り抜けていくのです。

そして、「聞き取れない」と卑屈になるのではなく、「聞き取ってやろうじゃないか」くらいの勢いで、話の流れを予測してしまうのです。こういう場面でこの人が話しているということは、おそらくはこんなふうに話が進むだろう、と予想して能動的に聞くのです。推理小説を読むがごとくです。

リスニングは相手任せだから難しいのは確かですが、そこに積極的に食い込んでいけば、受容能力であるリスニングに能動性が加わり、受け身で聞いていたら分からないことも、かなり理解できるようになります。

それでもどうやっても分からなかったら、究極の方略で、「ユーは何を言ったの？」と正直に相手に聞いてしまいましょう。

分からなかったら、相手に聞く

NHK「ニュースで英会話」で、こんなことがありました。*(2)京都の伝統的な木造建築である「町屋」を買って住んでいるアメリカ出身の男性をスタジオに招いて、なぜ「町屋」に住むのか、その魅力は何か、を語ってもらいました。

---

(2) NHK「ニュースで英会話」二〇一六年五月二六日（木）放送 HOUSE PROUD「京町家をまもる」

まずは、住まいの見取り図を画面で示して、「ここは、もともと押し入れだったけれど、小部屋に変え（convert）、暮らしやすくした」などと改装（refurbish/refurbishment）について説明してもらいました。一階の台所回りも変えて、「ここにpantryを作った」と英語で説明された際に、番組司会の吉竹史《ふみ》さんが、講師である私に向かって「pantryって何ですか？」と聞きました。深く考えず、そのまま「食料などを貯蔵しておくところ」と答えました。でも、帰宅してから、「しまった」と思いました。普通の会話では、誰かに単語の意味を聞くことなど無理なので、相手に聞かなければなりません。番組講師としては「それを英語で直接聞いてみて」と突き放し、吉竹さんが自分で、What is "pantry"? と質問するべきだったのです。私は余計なことをしてしまったわけで、放送された番組を見ながら、反省した次第です。

英語の授業で日本人の生徒や学生がよくやるのが、先生の言うことが分からない時に、隣りの席に座っている友だちに聞くことです。

「ねえ、先生、今、何て言った？」

「分かんない、何て言ったんだろうね」

隣りに聞いても分からないことが多いのですが、それでも生徒や学生はこういうやりとりを授業中にしがちで、その間、わずかな時間ですが、コソコソと私語をしていることになります。これはネイティブ・スピーカー教員の多くにとって不快で理解できない行動と映るようで、中には「おしゃべりしていないで、こっちを向いて聞きなさい」と怒る先生もいます。私も悩みを打ち明けられたことがあります。「日本人の学生は、どうして私が話している時に隣り同士でおしゃべりするのか？　失礼じゃないか」。「あなたの英語が分からないので、隣りの友だちに意味を聞いているのでしょう」と説明すると、「どうして教師の私に質問しないのだ？」とますます不可解だという顔をします。

そういえば、アメリカの高校で授業を受けていた時、先生が話している最中でも生徒たちが質問や反論を平気でぶつけることに驚嘆しました。そういう教室内文化に慣れている教師にとっては、友だち同士でひそひそしゃべりながら助け合う、という日本の教室文化が理解できないのでしょう。

実際の社会での対話では、分からないことは相手に聞く、が原則ですし、マナーでもあります。

簡単な英語で構いませんから、分からないことは聞いてみましょう。
単語が分からなければ、
What does "refurbish" mean?
単語どころか、いったい何を言ったのか摑《つか》めなかった場合は、
What do you mean?
Will you please explain it to me a little more in detail?
分からなかったことを謝る必要はなく、「あなたの言っていること、分からなかった」と平然と聞き返せば良いのです。
I didn't quite get what you said.

相手は、自分の言い方が不十分だったかな、ともう一度言い直してくれるはずです。会話は双方の努力で成立するものですから、話す方は相手が分かるように努力するべきで、聞き取る努力をしても分からなかったら、自己嫌悪に陥ったり、分からないことを誤魔化

したりせず、「分からなかった。もっとちゃんと説明して」と頼めば良いのです。
こういうことを言ったのかな？　でも正確には分からない、という場合は、それを正直に言って確認します。

Correct me if I'm wrong. Did you mean...?
「間違っていたら直して下さい。おっしゃっていたのは、……ということですか？」
Am I correct in thinking that you are against this plan?
「この計画には反対のご意見だと考えてよろしいでしょうか？」

「違う、そうじゃない」という場合は、No, what I meant was...と説明があるでしょうから、それで分かったら、I see. と答えれば良い。
分かりもしないのに、やたらI see.「分かった」と返事していると、とんでもない泥沼に落ち込みかねないので、無理せず妥協せず分かったふりをせず、何度でも聞き返しましょう。それが、やりとり（interaction）の真髄です。

「やりとり」が苦手

「話す」のに苦労するのは、相手がいる「やりとり」だからです。スピーチや発表なら、準備万端整えて、書いた原稿を丸暗記して猛練習して備えることができますし、一方的にしゃべれば良いわけですが、英語スピーチ・コンテストで素晴らしいスピーチをした人が質疑応答になった途端に崩れてしまうことが多いのは、相手がいることで何が出てくるか予測不能になるからです。

ヨーロッパ評議会が開発したＣＥＦＲ（欧州言語共通参照枠）では、スピーキングを二種類に分類し、スピーチやプレゼンテーションなどの spoken production と、やりとり spoken interaction の評価を分けているくらいです。[3] 同じ「話す」と言っても、一方通行のスピーチと、相手とやりとりする会話とでは、求められるスキルが異なるからでしょう。ＴＯＥＦＬやＴＯＥＩＣなどの英語力判定テストで高得点を獲得しているのに、相手と話すとなるとしどろもどろ、という人は結構います。試験対策で勉強しても、効果がすぐに表れないのが、話すことでしょう。特に話している相手との相互行為が中心のコミュニケーションは、数値では測れないのでスコアに反映されにくいと言えます。

誰かと相対してのやりとりは一発勝負の対面コミュニケーション。「今、ここ」でのコミュニケーションなので、言語力の限界を試されているようなものです。

そのような極限の場で、多くの英語学習者が取る方策は、天井を見たり、床を見たり、あらぬ方向を虚ろな目で見て黙ってしまうことです。頭の中では忙しく単語を探したり構文を組み立てたり、冠詞の有無で悩んでいたり、動詞の時制を考えたりしているのですが、そんなことは目の前の相手には分かりません。突然、無表情になって目をそらし沈黙した相手にどう対応して良いか分からなくなり困惑します。何か失礼なことでも言ってしまったかと慌てて話題を変えることもあります。すると、せっかく話すべきことを準備中だった英語学習者は、それまでの用意が水の泡で、「えっ、今度は何？　どうやって答えようか、何を言えばいいんだろう」とまた最初からやり直しです。

日本人と英語話者が話している光景を見ると、どうやらこのようなことが起こっているらしく、英語話者が何か言う、日本人、うなづきながらあらぬ方を見て黙る、英語話者、

(3)　鳥飼玖美子（二〇一一）『国際共通語としての英語』及び（二〇一六）『本物の英語力』（共に、講談社現代新書）を参照して下さい

違うことを言い出す、日本人、黙る。結果として、英語話者が一人でしゃべり、日本人は黙って聞き役、というパターンが多く見られます。

ある時、ハンバーガー・チェーン店で軽い昼食を取っていたら、隣りの席に欧米出身らしい男性と若い日本人らしい女性が座りました。狭い店内ですから、隣りでしゃべっていることは、チーズバーガーをぱくついている私に筒抜けです。会話から察するに、どうやら男性はカリフォルニア出身で、日本人とおぼしき女性はこれからカリフォルニアに行くようです。会話はすべて英語です。

アメリカ人男性：カリフォルニアに行くんだって？
日本人女性：イエス。
アメリカ人男性：僕、カリフォルニア出身なんだよ。
日本人女性：あー……
アメリカ人男性：で、カリフォルニアのどこで何したいの？
日本人女性：うーん……（首を傾け笑顔で沈黙）
アメリカ人男性：シーフード、美味しいとこあるよ。

日本人女性：（小さな声で）……シー？
アメリカ人男性：Fisherman's Wharf、知ってる？
日本人女性：（笑顔で）……？

この後もアメリカ人はカリフォルニアについて説明し、時々は質問を投げかけるのですが、女性が特に反応しないので、勝手に英語をしゃべり続けます。よくあるパターンだな、と思って聞いていましたが、三〇分ほど経った頃、いきなり男性が言いました。「じゃ、今日のレッスンはここまで。ちょっと短いけど、今日は、この後、約束があるんで、また今度ね。次のレッスンは、学校に電話してアポ取って」。

なんとこの男女はカップルではなく、英語の授業だったのです。学校に行くのではなく、こうやって飲食店などで会い英会話の個人レッスンができるようになっているわけです。当然、習っている方がお金を払います。だったら、どんどん英語を話さないとムダ金じゃないか、と思いました。教師役のアメリカ人は、自分がよく知っているカリフォルニアのことをしゃべっているだけですから、何の準備も要らず、授業料がもらえることになります。こんな英会話レッスンをいくらやっても英語を話せるようにはならないよ、と思わずその女性に注意したくなりましたが、リスニングの練習をしているつもりで満足しているかもしれないので、おせっかいはやめました。でも、本当は、自分からしゃべらないと、英語は決して話せるようにならないのです。

ロシア文学者であり翻訳者としても知られる亀山郁夫さん（名古屋外国語大学学長）の場合は、まるで正反対で、自分から英語を話して学ぶ、お手本のようです。東京外国語大学の学長になった時に英語の再訓練の必要を痛感し、ネイティブ・スピーカー教師と相対して会話をする英会話学校に通ったそうですが、どうしても予習の時間がとれないので、自分の話したいテーマを取り上げることにして、ドストエフスキーの『罪と罰』のストーリーを先生に説明したそうです。表現を直されながら、つっかえつっかえ、頑張っているうちに、先生の方が原書に興味を持ち全巻を読んだので、話題が弾んだそうです。英語教師の言うことを受け身で聞くのではなく、「自分の話したいテーマ」について英語で説明する、という能動的な学び方こそが、英語を話せるようになる道筋でしょう。

話を元に戻します。

そもそも「沈黙」に慣れている日本人に比べて、欧米の人々は会話に現れる「沈黙」を嫌うことが多いので、沈黙が登場すると急いで何かしゃべることになり、やりとりは一方的になりがちです。

これを避ける方策は、黙らないことです。だって、英語で何か言おうとして考えてるんだけど？ と言われそうですが、何か言おうとして黙って考えるのではなく、考えているプロセスを口にしてしまえば、沈黙は防げます。

口にすることは何でも構いません。Let's see... 「そうですねぇ……」、Well, let me think... 「うーん、どうかなあ……」、What should I say... 「何て言ったらいいだろう……」等々。要するに時間稼ぎなのですから、Hummm/Um...など無意味な音でも、何も言わないよりマシです。「ちょっと待って、今、何を言おうか考えてるところ」というサインになるので、相手は話題を変えることなく待っていてくれます。ぜひ試してみて下さい。

究極のアクティブ・リスニング

そして、もう一つ。いつまでも受け身で相手の言うことを聞き取る練習だけでなく、究極のアクティブ・リスニングを試みて下さい。こちらから打って出て、相手に質問するのです。

考えてみると、質問は意外に難しいのでしょうか、苦手な人が多いようです。シドニーに旅行した知り合いから聞いた話です。

有名なハーバー・ブリッジ(Sydney Harbour Bridge)*(4)を登った時に、たまたま出会ったシドニー大学の教授と話をしてみたら、教授は三度もハーバー・ブリッジを登っているとのことでした。ところが、なぜ三度も登ったのか、理由を聞けば良かったのに、それをしなかったというのです。

教授から尋ねられたありきたりの質問に答えるのに精一杯で、「オーストラリアは二度目ですが、ここは初めてです」とか、「シドニー大学には行ってみたいです」などで会話が終わってしまった、と悔やんでいました。それだけでも話せれば大したものだと思いますが、確かに「ここに登るのは三度目なんだ」と言われたら、普通は「えっ、どうして三度も?」と聞きたくなります。「それがね、実は……」と思わぬ理由が披露されて、話が発展したかもしれません。それこそが会話のキャッチボールであり、対話の醍醐味です。

その知人は、これ以外にも悔しい思いをしていました。教授の専門が生物学で日本にも行ったことがあると聞き、何の目的だったのかを尋ねても良かったのに、話が難しい方向へ進みそうで怖気づいてやめてしまった、というのです。マット・リドレー(Matt

Ridley）の『やわらかな遺伝子』などの本を読んで生物の歴史に興味が湧いてきていたので、残念だった、言葉すら思いつかなかったので、語彙力の不足以前のレベルだ、たまには英語の本を読むべきだったと、自分を叱ったそうです。

そうそう、そういうことって、あるよね、と同感の方も多いと思います。聞きたいのに、ややこしい答えが返ってきたら困る、と考えてやめてしまう。でも、たまたま出会った人物が「シドニー大学の生物学教授」で「来日したことがある」まで聞き取れたのですから、あとは運を天に任せて質問してみることはできたはずです。

Was your visit to Japan for your research?「日本へいらしたのは研究目的ですか？」と質問できたら理想的ですが、**Why did you go to Japan?**「なんで日本に行ったの？」でも全く問題ありません。どんな答えが返ってくるか神のみぞ知るですが、**I attended a**

---

(4) シドニー湾の南岸にあるシドニーの町と、北岸にある近郊の町を道路と路面電車で繋ぐため一九二三年に着工、一九三二年に完成。アーチの最上部の高さは一三四メートルで、建設当時はシドニーで最も高い建造物だった。観光客は、アーチの頂上まで登る「ブリッジクライム」（Bridge Climb）を楽しめる。シドニー・オペラハウスと並ぶシドニーのシンボル

conference.「学会に出席した」と答えるか、I gave a lecture at X University.「X大学で講演した」かもしれないし、For sightseeing.「観光」かもしれません。

聞き取れなかったら、聞き返す。めでたく聞き取れたら、Where in Japan did you visit?「日本のどこに行ったのですか？」などと聞いてみれば、Oh, that's where I was born and brought up!「あら、そこは私が生まれ育ったところなんです」などということになって話はどんどん広がり、面白くなるかもしれません。生物学に興味があるなら質問をすれば良いわけですが、多くの場合、見知らぬ人との会話で生物学の専門的な話題に深入りする人はいません。当たり障りのない会話を楽しむのがスモール・トークですから、過度に心配せず質問をしてみましょう。それは、目の前にいる相手と、その人の話に関心を持っていることを表しているのですから、社会的な礼儀だとも考えられます。

見知らぬ相手との会話は、英会話本に出てくる表現が出てくるとは限らず、ちょっと不安になるのは自然ですが、せっかくの出会いに黙って気詰まりな時間を過ごすよりは、一期一会を楽しむためにも、積極的に質問する力をつけることには意味がありそうです。

これは日本にいても練習できます。

「英語で質問する」が初めの一歩

英語の授業で、先生に英語で質問する、友だちのプレゼンテーションについて質問することが、初めの一歩です。授業中に教師に質問することを遠慮する学生もいて、授業が終わると列を作って並び質問することがよくあります。この場合は、「みんなの前でバカな質問をして笑われたくない」「ここを分からないのは自分だけだろうから皆の時間をつぶしては申し訳ない」など無用な配慮があるようです。「あなたが分からないなら他の人たちも疑問に思っている可能性が大きいのだから、みんなのためにも授業中に質問してね」と何度も学生に話した覚えがあります。

誰かが発表した後、Any questions?「質問は？」、と投げかけても、反応がなかったりします。関心を持ってプレゼンテーションを聞いていれば、必ず質問はあるはずなので、発表後は質問することを義務付けて、英語での発表を聞いたら、話された内容について英語で質問する練習をしてもらったこともありました。どうしても英語が出てこない場合は日本語で質問してもらい、どのように英語で聞いたら良いか、グループに分かれて意見を出し合うことも勉強になります。

質問そのものがない、というのは厄介です。聞いたことに関心がない、という根本的な原因もあれば、こんなことを質問してどうなるという恐れ、バカにされたくないという自尊心などが邪魔していることもありそうです。

質問が出ない、というのは社会人でも同じです。講演会で質問の時間になり、司会者が「それでは、どなたかご質問はおありでしょうか？」と投げかけると会場がシーンとすることがあります。講演を聞いて面白いと思ったら何か一つくらいは聞きたいことがあるはずなので、たいていは少し待てば誰かが手を挙げますが、質問係のサクラを会場に用意しておく主催者がいますし、不気味な沈黙が広がると「特にご質問がないようでしたら、この後の懇親会で講師の先生に直接お聞きになって下さい」と質疑応答を打ち切ってしまう司会者もいます。

時には「はい！」と威勢良く手を挙げてマイクを握るや持論を滔々《とうとう》とまくし立てる人がいますが、それは質問ではないので、司会者も参加者も苦り切ってしまいます。ルール違反です。

「質問」というのは、相手の言ったことをよく聞いて、理解し、その内容に関心を持つから出てくることで、質問文をいくら暗記しても適切な質問は出てきません。質問する側の興味や関心、知識や教養、さらに言えば人間性が問われるのが質問ですので、英語で質問する練習をしていると、英語の練習どころか人間性を磨くことにもなりそうです。

(2)話したくても

英語で話す時に感じる難しさの原因は、いくつか考えられますが、案外、多いのが「何を話して良いか分からない」悩みです。

何を話したらいいの？

ある時、海外からの高校生を家で預かるのだけれど、何を話して良いか分からない、と質問を受けました。「英会話の本を読むといろいろな注意が書いてあって、政治の話はするな、宗教についての話題は避けろ、相手の家族について根掘り葉掘り聞くな、などとあり、無難なのは天気の話、とあったけれど、いつまでも天気の話では持たない、一体何をしゃべったら良いのですか？」と困った様子です。英会話の参考書に書いてあったのは一般的な注意事項なのでしょうから、相手がホームステイする高校生なら、家庭での約束事、地域や学校についての情報など、話すことはいくらでもあるでしょう、預かった留学生に関心を持って質問することは当然なので、遠慮なく質問をしたらどうですか、と答えました。

見知らぬ他人に対して宗教の話はタブーだとしても、留学生を預かるなら宗派について聞かないわけにはいかない場合があります。イスラム教徒なら日に五度もメッカの方角に向いて祈りを捧げますし、ユダヤ教など食べ物の制約がある宗教もあります。Is there anything we should know about your religion?「何か、あなたの宗教について知っておくべきことがあったら教えて下さい」と率直に問い、分からないことは説明してもらえば良いわけです。

政治的信条は個々人によって違うので、会食の席などでは話題にしないのが礼儀ですが、例えば大統領選挙や国民投票が話題になっている時期なら、意見を聞いてみることは自然でしょう。話したくなければ、興味ないとか、言いたくないとか何らかの意思表示があるはずです。あくまでも相手の考えを尊重して聞くという態度なら問題ありません。

逆に、国際問題や日本の政治について、日本人の考えや日本での受け止め方を聞かれることもあるでしょうが、その際に時として見られるのが、I don't know. と答えて逃げてしまうことです。微妙な問題であっても、「これは私個人の考えだけれど」と断って意見を言う、あるいは「難しくて私にもよく分からないのだけれど、周囲の友人たちはこんなふうに言う人が多い」と伝えるなど、何らかの説明をして欲しいと思います。自分の国のことについて「知らない」という返事は、あまりにも残念な答えです。

自分の家で預かっている留学生の場合は別として、通常は、相手の家族についていきなり聞くのは、親しくなって自分の方から話すまでは避けた方が良いのは確かです。特に最近の欧米では、伝統的な家族を良しとする家族観にとらわれず、独身だったり、事実婚や同性婚、再婚も多いので、家族の形態は多彩です。再婚したら双方の連れ子が同じ名前だったので、呼び方を変えたという夫婦もいます。祖父母が授業参観をする「グランマ・グランパの日」には、初婚の際の祖父母、再婚してからの祖父母と、一人の子供に何人ものおばあちゃん・おじいちゃんがやってきた、という話を聞いたことがあります。養子縁組も多いので、「あら、かわいいお子さん、パパ似かしら?」などと無防備なコメントはご法度です。ホームステイ留学をしたら、受け入れ家庭は、おばあさんの独り住まいだったり、母子家庭だったりするので、日本から行った学生が「こういう家庭でも留学生を預かるんだ」とびっくりすることがあります。それだけ家族のありようが変化しているので、従来の価値観が当たり前という前提ではなく、多様な家族があるという世界の現実を踏まえる心構えが大切なように思います。

その上で言えば、家族のことについて話すことは全く問題ないどころか、相互理解が深まる糸口にもなりえます。個人的なことを聞き出すのではなく、一般的なこととして話題に出すと、日本と世界の違いを知り、その中で「で、あなたの場合は、どうなの？」と身近な話になる可能性があります。例えば、夫婦別姓についてが一例です。

あれはヒースロー空港でのことでした。ロンドン市内で買った品を空港で申告すれば購入時に支払った税金が還付になると言われて、カウンターに行き、パスポートとクレジットカードの支払い記録を見せました。ところが係の女性が「税金還付はできない」と言うのです。「えっ？　どうしてですか？」と聞いたら、「だって、あなたのパスポートにある名前とクレジットカードの名前が違う」。そういえば、パスポートは戸籍名であり、私が使ったクレジットカードは独身時代から使っているので、旧姓であり仕事で使う名前です。違うのは確かですが、黙って諦めるのは悔しいので、説明しました。「よく見て下さい。苗字は違うけれど、ファースト・ネームは同じKumikoでしょ」「これはなぜかというと、日本では夫婦別姓が認められないので、パスポートは夫の姓になっちゃってるの。

でも、このクレジットカードは結婚前に作ったので旧姓のままだし、そもそもこのカードを使っているのは、私は結婚前の名前で仕事をしているからなの」。すると係官は「そういうことなの。ややこしくて大変だね」と言ってくれたので、「本当に面倒なの。英国のホテルにもパスポートの名前で宿泊したので、大学から緊急連絡の電話が入ったのに『そういう名前の宿泊客はいない』となってしまったのよ。現実に不便なことが多いので、夫婦別姓を認めて欲しいと希望する人たちも増えているのだけれど、夫婦は同じ苗字であるべきだと信じている政治家もいるから、なかなか実現しないで困っているわけ」と説明し、「夫婦別姓が認められれば、ここで揉めることもなく税金を返してもらえるのにね」と付け加えました。係官は笑い、「夫婦別姓が認められるように祈ってる。Good luck!」と言って、税金を還付してくれました。

ヒースロー空港での対話は、「税金を返してもらうこと」が目的でしたので、日本の夫婦別姓問題をなるべく簡単に説明しただけでしたが、これが相互理解を目的とする友人や知人との会話なら、「あなたのお国では、どうなっているのですか？」と聞いてみると、国により社会により異なる状況について情報が得られますし、人によっては「私の場合はね」と自分の体験を語ってくれるかもしれません。そのようにして、ある一つの社会的な問題を切り口にお互いを知る、そのために英語が役に立つのでしたら、やっぱり英語は話せた方が絶対に良いことになります。

先立つものは語彙

英語を話したい、話したい内容もある、でも話せない、という場合は、語彙不足が原因だと思われます。いくら言いたいことがあり話す意欲が満々でも、語彙がなければ英語は口から出てきません。

この場合の方略は、方略とも言えないくらいの対処法です。要は、知っている単語の数を増やせば良いのです。そもそも、話したり書いたりするのに必要な発信のために使える「能動的な語彙」(active vocabulary) は、聞いたり読んだりして理解できる「受容語彙」(passive/receptive vocabulary) より少ないのです。ということは、知っている語彙を増やし、使える語彙に転換させなければなりません。つまり、回り道のようでも、話すためにはたくさん本を読む。小説でもノンフィクションでも構わないので、面白くてどんどん読んでしまうような作品を次々に読む多読で単語を吸収する。その上でその単語を使って英文を書いてみて、語彙を定着させる。英字新聞を読み、最近のニュースで使われている単語や語句をチェックしてから英語ニュースを聞く。そして登場した単語や語句を使って話してみる。そうやって、学んだ語彙を自分で使える語彙に転換するのです。

ＮＨＫ「ニュースで英会話」は、まさにそのような目的で番組が始まりました。ビジネスパーソンが仕事先の人と食事をしながら会話をする際に、今、まさに世界で話題となっているニュースについて話すことがあるでしょうが、話したくても単語を知らないと「えぇと、あれは英語で何て言うのかな？」などと考えているうちに面倒になってしまい、話すことを諦めてしまいがちです。仕事と関係なくても、英語で誰かと話す際に、せっかく「そうだ、あの大ニュースを話題にしよう」と思いついても、語彙のストックがないと、単語が追いつかず、結局は話せない、となってしまいます。そのようなことがないように、旬の話題を選んでウェブとラジオ、そして最も重要だと思われるニュースを解説付きでテレビで放送しています。

ニュースの背景を解説し、そのニュースを語るのに必須となるようなキーワードを説明することで、ニュースについて英語で気楽に会話ができることを目指しています。ニュースを理解するだけでなく、そのニュースについて自分の考えを話せるようになることが目的の発信型英語番組なのです。

そのような手軽に利用できる媒体を活用して、聞いたり書いたりしながら、語彙を増やしていきます。読んだり聞いたりして理解できる受容語彙のすべてが、書いたり話したりに使える語彙になるわけではないので、辞書を調べて意味が分かったところで終わりにしないことです。意味が分かったら、それをセンテンスにして、書いてみる、声に出して言ってみる、という作業をすることで、その単語や語句を使いこなせるようになります。

実際の会話で使ってみることで、語彙が定着し、そうなると、他の機会に話そうとした際に、頭の中のデータベースから必要な単語や語句を検索して使うことが容易になってきます。これって、正直言って、努力が要ります。でも、努力しなければ語彙は身につかない、努力しなければ英語は話せるようにならない、という厳然たる事実に向き合っていただきたいと思います。

(3)話の輪に入れない

一対一で話している時には、相手が配慮してくれることもあるので、なんとか英語での会話が成立するとしても、複数の人間が集まって話し出すと、なかなか話の輪に入れないものです。耳をダンボのようにして必死で内容を聞き取り、この話題なら参加できると頭の中で単語などを用意して加わろうとするのですが、次から次へと話が続き、とうとう何も言えずに終わってしまい、孤独感と挫折感に苛《さいな》まれることになります。あーあ、英語で話すのって、やっぱ、無理だなあ。

学校で習った英語なんて何の役にも立たないや、とますます英語に自信がなくなるということになりかねません。

しかし、これは必ずしも英語力の問題ではないことが多いのです。では、何の問題なのか、といえば、「会話の順番取り」における文化の違いです。

会話の順番取り

二人だけの会話なら、順番取りは単純です。一人が話し、もう一人が答える。次に最初の人が受け、それについてまた、もう一人が話す、という具合です。黙りがちな日本人は、英語での対話では、聞かれたことに短く答えるだけに終始しがちで、黙ったまま終わってしまうこともありますが、たいていは相手が質問したり確認したりしてくれます。

ところが、会話に参加している人数が三人、四人、五人と増えていくと、話の輪に加わるきっかけが摑めないことが多くなります。これは、「会話の順番取り」(turn-taking)のルールや習慣が文化によって異なることから起きます。

まず、大きな違いは、「間《ま》」です。日本語と比べて英語の場合は、一人がしゃべり終わって次の人が話し出すまでの時間が短いようです。「間」がない。間髪を入れず、次の人が会話の順番を取ってしまうので、さあ、話そうと思っていた日本人は、あっという間に置いていかれてしまいます。

最初に話している人が、「あなたはどう思う?」のように次の話し手を指名してくれれば助かるのですが、公式の会議ならともかく、日常的な会話では、指名をしてくれるとは限りません。それでも、「私の話はそろそろおしまい」という合図を出すことは可能です。付加疑問文をつければ、次の人に参加を促していることになるので、次の人は話し出します。isn't it?/don't we...? などの付加疑問文が登場したら、次の人に順番を渡すつもりだ、ということが分かります。

そこまで明確でなくても、話している人のイントネーションがだんだん下がってくる、お茶を飲もうとカップに手を伸ばす仕草が入るなど、非言語的な要素も入って何となく「そろそろ私の話は一段落」という合図を示すことが多いとされます。

とはいえ、そのような合図を見誤り、相手がまだ話し終わっていないのにしゃべり出してしまったり、複数の人間が「さあ、今度は私が話す番だ」となって同時に発言するなど、誰かの話を遮ってしまったり、重なってしまったりということは、しょっちゅう起きます。そのような場合は、Oh, sorry. と謝り、Go ahead. と相手に譲るのが礼儀ですが、複数の人間が同時に話し出した時に順番を取るのは、通常は目上です。特に仕事の場なら、上司の発言を遮ったり、上司が話し出したのを押しのけて自分が会話の順番を取ることはありません。米国では、男性の方が女性より順番を取る率が高く、遮る率も高いという研究結果があります。

会話の輪の中で話し出す際には、いきなりセンテンスを始めるよりは、ちょっとした単語を入れてから話し出すことも知っておくと良いでしょう。例えば、well/so/but などを挿入してから、話し出す。これまでの話題を転換させて、自分の土俵に会話トピックを移したい場合は、by the way「ところで」、that reminds me「そういえば」などと前置きを入れると、聞いている人たちは、いきなり話題が変わったと驚かないで済みます。

ちなみに、スピーチをした後に、That's all. と言って終える日本人学習者がいますが、それよりは、Thank you. と言って終える方が自然です。「ご静聴ありがとうございました」と宣言すれば、スピーチの終わりであることが誰にも分かるので、拍手で終了することができます。もちろん、日常会話では、自分の話が終わったからといっていちいち「ありがとう」とは言いません。イントネーションを下げてピリオドが来たようにする、付加疑問文をつけて誰かにボールを渡す、などで、話の終わりをそれとなく知らせれば十分です。

会話の順番取りの原則は、話者交代のタイミング、一人が話す長さ、順番の割り当てなど、文化的規範によって異なります。いくら英語力があっても、このような規範を熟知するところまでは、なかなかいきません。どの社会でも、一人の人間が成人するまで何年間にもわたり、周囲の人々の行動を見ながら、暗黙のうちに規範を習得していくのですから、外国語として学ぶ学習者がその規範を身につけるのは困難ですし、ましてやそれを学校英語教育に求めるのは無理です。英会話学校に通っても、教師が生徒を教えるという教室の場は、現実のコミュニケーションの場とは異なりますから、限界があります。英語の先生とは安心して話せたのに、海外ではおしゃべりすることができない、というのは、文化的コンテクストを共有していないことに加えて、現地の言葉に埋め込まれている暗黙の会話ルールを体得していないからということかもしれません。

これは実際の言語使用を試み、周囲の人々の様子を観察しながら学んでいくしかないように思います。ホームステイ留学に意義があるとすれば、このような言語文化を、日常生活を通して学べることでしょうが、海外に出かけなくても、映画やテレビ・ドラマなどを観て参考にすることも可能です。まずは、会話のルールは日本語と英語とでは違う、会話の順番取りのルールが異なる、という現実を知ることから、学びが始まります。

⑷冗談とユーモア

イギリス人はユーモアのセンスがあると言われ、アメリカ人もジョークを連発すると言われ、英語を話すには冗談が言えないと困る、と考えている方もおられるでしょう。確かに、ユーモアが潤滑油となり会話がスムーズに進んだり、打ち解けた人間関係になったりします。でも、「笑い」が普遍的だとは言い切れないところがあります。人間は誰しも笑いますが、どういう時に、どのように笑うか、何が可笑《おか》しいか、というのは、文化によって違うからです。英語で「笑い」「笑う」を表現する単語には、smile「微笑む」、laugh「声を出して笑う」、grin「歯を見せて笑う」などがあります。grinは日本語に該当する単語がないので「声は出さず歯を見せてニヤッと笑う」という説明になってしまいますが、決して否定的な意味の笑いではありません。逆に日本語で言う「照れ笑い」は英語にはありません。和英辞書には、an embarrassed smile/a shy smile/a sheepish grin などが出ていますが、どうもしっくりきません。英語母語話者は日本人ほど照れ笑いをしないからかもしれません。

笑いの文化差

発車間際の電車に飛び乗ろうとしてドアが閉まってしまう、という光景は東京の主要駅を回る山手線などでは毎日のように見かけますが、大半の人が照れ笑いをします。「あーあ、間に合うと思ったのになあ」という自嘲的な笑いです。これが一時間に一本しかない電車に乗り遅れたのなら、仕事や約束に間に合いませんから、笑ってなどいられないでしょうが、山手線は数分待てば次の電車が来るので、乗り遅れがそれほど深刻な事態ではないこともあり、思わず照れ笑いとなります。ところが、この照れ笑いは、どうやら極めて日本的な笑いらしく、なぜ笑うのか？　と不思議に思う外国人は多いようです。

この照れ笑いに似た、不思議な笑いと外国の人たちに映るのが、他人に身内の不幸を話す時に日本人が浮かべることのある笑顔です。「自分の父親が亡くなった、という話をしたのに、彼は笑っていたんだ。どういう親子関係だったんだろうとショックだったけど、関係が悪いわけではないらしい。一体全体、何で彼は笑ったんだ？」と英国人から聞かれたことがありました。悲しくないわけはないけれど、その感情を顔に出してしまうと、相手に負担感を与えてしまい、お悔やみを言ったり慰めたりしなければならないので、もう大丈夫ですよ、というつもりで笑顔だったんじゃないかしら、と答えたのを覚えています。この種の笑顔については、そんな時に笑わないだろう、という日本人もいるでしょうから、個人差や地域差もありそうです。

笑いの地域差は、講演で感じることがあります。関西で講演をして大いに笑ってもらえたので、東北で同じにやってみたら不発だったことが何度かありました。一番がっくりきたのは、東北の小さな中学校で講演をした時です。

中学一年生から三年生まで全校生徒が集まっても数十名という小さな学校で、英語の勉強について話しました。英語嫌いが多いということでしたので、なんとか英語を好きになってもらいたいと、失敗談を含めていろいろなエピソードを披露し、私としてはかなり面白おかしくしゃべったつもりなのですが、中学生たちは誰もニコリともしないのです。真面目な顔で聞いています。なんとか笑わせようと私は必死で面白いネタを繰り出したのですが、最後までダメでした。これほどに受けが悪いというのはショックで、どうして良いか分からないまま悄然と帰京したのですが、何ヵ月かしてその学校から文集が送られてきました。生徒たちが書いた感想文を先生がまとめて文集にしてくれたのです。

それを読んでみて目を疑いました。生徒たちは、私の話を細部にわたるまでよく聞いて覚えており、「面白かった」と述べ、「面白そうだから、これから英語をちゃんと勉強しようかなと思いました」と書いてあるのです。社交辞令が入っているにしても、私が話したエピソードに触れ、話した言葉を引用しており、私が最も言いたかったメッセージをきちんと受け止めてくれていたことが分かりました。その場での笑いは出なくても、あの中学生たちの心に響いたのだったら、こんなに嬉しいことはないと思いました。

オバマ大統領の自虐ネタ

アメリカでは、ホワイトハウス記者クラブ主催の夕食会で大統領が自虐ネタをスピーチで披露するのが恒例になっています。二〇一六年四月の夕食会で上映されたオバマ大統領の自虐ビデオは、本人出演の「大統領でなくなったら何をしたらいいのか——暇で暇で仕方がない自分」でした。

二〇一四年は、前年にスタートした医療保険制度改革（オバマケア）のオンライン手続きサイトがシステム障害で大混乱に陥ったことをネタに、自身が一期目の大統領選に勝利した二〇〇八年のスローガンは“Yes, we can!”だったけれど、昨年のスローガンは、コンピューターの画面が固まって「フリーズ」状態に陥った時に使う再起動のコマンド“Ctrl-Alt-Del”だと冗談を飛ばし、また、ディズニー映画のタイトル“Frozen”（邦題『アナと雪の女王』）がコンピューターのフリーズ状態を示す言葉でもあることから、オバマケアのシステム障害が「今年最大のヒット映画になった」と会場を爆笑させました。このジョークは、日本では「アナ雪」として知られる映画の英語タイトルがFrozenであることを知らないと、また、その英単語の原型はfreeze「凍る」で、コンピューターの「フリーズ」を意味することもあるのを知らないと、何が可笑しいのか、まるで理解できないことになります。

ちなみに「自虐ネタの冗談」は、英語でself-deprecating jokeですが、self-deprecatingは、自分を過小評価し、極度に謙遜している、卑下している様子を表しています。deprecateという動詞には「非難する」という意味の他に「過小評価する」という意味があり、deprecate oneselfで「卑下する」「謙遜する」となります。

冗談あれこれ

ついでのことに、「冗談を言う」はtell a jokeまたは動詞のjoke、「冗談を飛ばす」はcrack a joke、避けたいのは「卑猥な冗談」(a dirty joke)や「趣味の悪い冗談」(a sick joke)です。

「内輪の冗談、内輪ネタ」(a private joke/an inside joke)は、仲間内でないと笑えませんが、そもそもジョーク自体が、文化や慣習や状況などのコンテクストを共有していないと理解できません。

外国語を使っていて歯がゆいのは、周囲の人たちが笑っているのに、何で笑っているのか、何が可笑しいのかさっぱり分からないことです。

でも、これは英語力の問題ではなく、文化の違いが最も先鋭化して表出するのが、ユーモアやジョークなどの笑いであることが原因です。ということは、何で笑っているのか分からなくても落ち込まないこと。気になるなら、What's so funny?「何がそんなに可笑しいの?」と聞いてみることです。多くの場合、ジョークを説明するのは困難なのですが、何を周囲が可笑しいと感じたのかは分かります。

同時通訳をしていて苦慮するのが冗談で、本人はユーモアのつもりでも異なる言語に訳せない、無理して訳しても笑いにならないことが大半です。国際会議や外交など通訳者が介在している場でのつまらぬ冗談は避けるのが安全です。

そもそも、ユーモアというのは、人間性の発露であり、相手との関係性から自然に出てくるものですから、ジョークを暗記して使ってみるわけにはいきません。不発に終わるだけならともかく、誤解されることもありえます。いわば人間性自体が問われてしまうので、無理しない方が良い、というのが私の持論です。面白いことを言いそうな人間かどうかは、付き合っているうちに滲み出てくるものだと考えて、焦らないことでしょう。

(5)日本について説明する

日本について語りたい

英語で日本について説明することを英語学習の目的にして、二〇二〇年東京オリンピック・パラリンピックを目指している方々も多いと思われます。海外から訪れる人たちに日本を紹介することは、英語学習への強い動機付けになりえます。

また、英語学習の方途として、日本について語ることを試みる人もいるでしょう。知っていることを英語で話すというのは、確かに英語学習として有効です。ところが日本について説明するというのは、やってみると意外に簡単ではないのです。

日本生まれ日本育ちなら日本の風土や習慣や文化などを熟知していると思いがちですが、英語で説明を試みた多くの日本人が直面するのは、「日本のことって案外知らなかった」「人に説明できるほど日本について知ってはいなかった」自分です。今時の若者は日本の歴史なんか知らないからな、と年配者はよく嘆きますが、そういう年配者自身も、外国の人たちから「仏教と神道の違い」などを聞かれると、考え込んでしまいます。仏壇と神棚が同じ茶の間にあることを質問されて四苦八苦した人や、七五三の祝いは神社で、結婚式はキリスト教の教会で、葬式はお寺でやることについて聞かれ、日本人の宗教観の説明に七転八倒した人もいます。

これをどうするかは英語の問題ではなく、日本について自ら知ろうと学ぶことしかありません。普段は当たり前に思っていることを改めて振り返り、日本社会を知らない人々にどう説明するか、という視点から考えてみるのです。自分の文化を客観視するわけです。英語で説明しようとすれば、当然ながら相当な知識を持っていないと太刀打ちできないので、自分の祖国について、その社会と歴史と文化について学び直す絶好の機会になるはずです。これこそが、自文化を相対化することにつながり、異文化理解への出発点になると私は考えています。

もし英語の面からアドバイスがあるとしたら、「日本のことを日本語で言って済ませるのではなく、英語で説明する努力をすること」です。

日本のことを英語で説明するなら、英語を使うのは当たり前でしょ？　変なアドバイスだな、と思われるかもしれませんが、英語学習者の多くが、肝心のキーワードを日本語のまま説明して済ませてしまうのは驚くほどです。

「被爆者」を何と呼ぶか

二〇一六年八月二五日放送の「ニュースで英会話」では、JAPAN STUDENTS URGE N-ARMS BAN「日本の生徒が核兵器禁止を訴える」というニュースで、平和大使として国連の軍縮会議で核廃絶を訴えた日本の高校生のスピーチを取り上げました。

以下がその一部です。

I wish to take this opportunity to ask all of you to listen to the voices of "hibakusha," and once again, to pay attention to the inhumanity of nuclear weapons.

「この機会を頂き、皆様すべてに、『被爆者』の声に耳を傾け、そして今一度、核兵器の非人道性を改めて認識することをお願いしたいと思います」

おそらくは英語の先生から指導を受けてスピーチ原稿を用意したのでしょう。I wish to take this opportunity...という、演説の冒頭によく使う定型表現を使って、高校生は立派な英語で語りかけました。

その中で、一つだけ私が気になったのは、「被爆者」という日本語を単にhibakushaとして使っていたことです。短いニュースですからスピーチの全文を確認することができず、もしかすると後の方で説明していたのかもしれませんが、スピーチの最初に「被爆者」という言葉を登場させた段階で、英語でその内容を説明するのが親切なのに、と思いました。

いや、hibakusha というのは、もはや英語になっているのではないですか？ と考える向きがあるかもしれません。「カラオケ」や「漫画」や「アニメ」が、それぞれ karaoke, manga, anime として英語の中に定着していることは事実です。そして「被爆者」について言えば、広島を現職大統領として初めて訪れたオバマ大統領は、スピーチの中で hibakusha という日本語をそのまま使いました。

ただ、オバマ大統領は、原爆記念式典で日本国民に向けて語りかけたので、「被爆者」という日本語を使用するのが適切だと考えて当然です。ところが、「被爆者」という日本語はまだ英語話者の誰もが知っているまでには至っていません。

世界中の人々に認知してもらいたい日本語ですので、ぜひ積極的に使うべきだと思いますが、海外で話す際に、あるいは日本に在住していてもまだ日本語を良く知らない人に対しては、hibakusha の後に英語で簡単な説明をつけることが相互理解への第一歩でしょう。

亡くなった方も含めての「被爆者」なら、atomic bomb victim ですが、生存しておいでの「被爆者」なら atomic bomb survivor になります。その説明さえあれば、聞いている人は理解できます。日本語が聞き取れなかった人、日本語を覚えたい人は、もう一度その日本語を言ってみて、と頼んでくるかもしれません。その質問や依頼に対して丁寧に答えることが、「被爆者」という日本語を定着させ、日本への理解を深めていくのだと思います。

怠け者から脱皮しよう

それなのに、ああ、それなのに、と言いたいのですが、日本人の多くはなんとも面倒くさがりなのです。重要な言葉なのに、説明を加えず日本語を英語式に発音して澄ましています。

例はいくらでもあります。

「単身赴任」が家庭に及ぼす影響について語っているのに、肝心の「単身赴任」を、tanshinfunin とだけ言って済ませてしまう。相手は何のことだか分かりません。かつて英語の授業でそれをやった学生に注意したら、「だって和英辞書に出ていません」と答えました。そうだよ、辞書に出ていないんだから、どうすりゃいいんだ、英語でなんて言うのか教えてよ、と思う方は多いでしょう。でも、日本的な社会現象は該当する英語がないので、一言では済まないのです。

「単身赴任」とは、「所帯持ちが、家族を置いて一人で任地におもむくこと[*(5)]」「家族持ちの雇用労働者が、企業の転勤命令などによって単身で地域移動をすること[*(6)]」です。

和英辞書に載っていません、というのはもはや通用せず、今はインターネットで検索すればいろいろな英訳が出てきます。business bachelor だの solo assignment など、よく分からない英語も出ていますが、これでは理解不能です。

work away from home という訳語もありましたが、これでは出稼ぎのようです。出稼ぎも、広義には単身赴任の一形態と言えますが、日本で「単身赴任」と言う際には、通常は企業の転勤と関連して言われます。

研究社『新和英中辞典』には take up a post without one's family [by oneself/alone]

(5) デジタル大辞泉
(6) 『ブリタニカ国際大百科事典』小項目事典(二〇一四)
「夫の単身赴任を理由に残された妻子が一家心中をするという事件(一九八四)や、単身赴任を命ぜられた旧国鉄の幹部職員が宗教上の理由でその命令を拒否して退職するという出来事(一九八五)などを通じて、単身赴任の問題点は社会的に大きく注目された」

と出ています。アルク『英辞郎』では、live apart from one's family at the new workplace/be transferred to the location (far)[*7] away from one's family/go alone for [a][*8] new post at the branch office などと出ており、これくらいは最低限必要な英語でしょう。

でも、これだけではやはり不十分です。なぜ、alone「一人」なのか、なぜ live apart from one's family「家族と離れて暮らす」のか、状況が分かりません。だからこそ、自らの言葉で工夫して説明しなければならないのです。

企業に転勤はつきものですが、日本の場合、子供の学校や配偶者の仕事や親の介護などの関係で、家族を残して一人で新しい赴任地に移ることがあり、そのことを「単身赴任」と呼ぶ、と日本社会について解説すると、自分の国ではカクカクシカジカだと話してくれて海外の様子が分かります。転勤を家庭の事情で断ることはできないのか、などの質問が出れば、「最近は転居を伴う転勤がないエリア限定総合職を作った企業もある」などの情報を加え、共稼ぎが増えている昨今は妻が単身赴任することもあるなど現状も知ってもらうことができます。

英語が実態を暴く

このように英語で日本の事象を説明しているうちに、これまで気づかなかったことが明白になることもあります。例えば、「総合職」と「一般職」の違いです。

最初は、sogoshoku で済ませていた学生に英語で説明するよう求めたら、和英辞書を引いて all-round job という英語にしたので、それはどういう意味なのか、もう少し分かるように説明して欲しいと求めたところ、「総合職」の内実を調べ、友人たちとディスカッションをしていくうちに、career という単語にぶつかります。就職活動の時に「キャリア」ってよく聞くけど、英語ではどういう意味？　と調べてみると、「何らかの専門性を持ち生涯を通して続ける仕事」だと分かります。career diplomat なら「職業外交官」、つまり外交を職業にしている人です。企業だとどうなるのかと探してみると、career track という言葉が出てきます。幹部候補だから昇進するコースのようで、どうやらこれが「総合職」のことらしい。将来性がある代わりに責任が重いので、だから転勤もあるんだと納得します。ならば「一般職」って何なの？　と調べてみると、英語では clerical

---

(7)　far はなくても構わない
(8)　本来入るべき a が脱落

staff と出ています。事務職という意味です。そのようにして英語を通して違いが理解できるようになると、総合職との違いは転勤の有無だけだと考えて、「私は、やっぱり、転勤は嫌だから、一般職にする」と言っていた女子学生が深刻な顔で考え込んでしまったりします。どちらを選んでも良いのですが、それぞれの仕事の内容をきちんと理解してから選択しないと、こんなはずじゃなかったとなりかねません。

日本語で「総合職」と言っていた時には考えてもいなかったのに、英語でどう説明しようかと苦労しているうちに、その実態が明らかになります。日本語では曖昧にぼかしていたのが、英語にした途端、ベールが剝がれて内実が暴露されるという感じです。このようにして、英語での説明がきっかけで日本の現実を知るようになることは、英語学習の一つの副産物かもしれません。

(6) 暗記するのか創造するのか

英語を学ぶということは、暗記さえすれば良いというものではありません。でも、覚えなくては単語も語句も使えるようにはならないので、兼ね合いが難しいところです。

幾つかの中学校で講演をした際に、英語を「暗記科目」だと考えている中学生が多いことを発見しました。英語と言えばとにかく単語の暗記だと信じているのです。英語力をつけるために教科書の全文を暗記するよう指導されることが影響しているケースもありました。一つの単語がどのように使われているかという文脈を考えもせず、やみくもに単語を丸暗記しただけでは、退屈なだけで成果は上がりません。

ところが、ここが外国語学習のつらいところですが、ある程度のことを覚えないと使えるようにならない、というのも一理あるのは確かです。それはちょうど、スポーツでも芸術でも、基本を覚えなければ大成しないのと同じかもしれません。オリンピックに出場するような選手でさえ、インタビューで、「基本に立ち返ってやり直します」というような反省の言葉が出てきます。頭で覚えるだけでなく体で覚えなければならないのが「基本」というものでしょう。

二〇〇二年の早稲田大学卒業式で芸術功労者として表彰された狂言師の野村万作さん[*(9)]が、こんなことを語っていたのを思い出します。創造的になるためにこそ基本を覚えなけ

(9)　一九三一年人間国宝・故六世野村万蔵の次男として生まれる。早稲田大学卒。二〇〇七年に人間国宝

ればならない。「型」を学ぶことなく好き勝手を自己流ですることが創造ではない、という趣旨の話でした。

これは、他の芸術やスポーツにも言えることでしょうし、英語にも当てはまると思いました。英語の「基本」「型」が何かと言えば、文法や語彙や音韻などの基礎知識でしょう。必ず使う定型表現や決まり文句を覚えることも入ります。基本を学んでこそ、自分らしい英語を創りだし発信することができるように思います。

だいぶ前のことですが、英語の専門家が集まって座談会をした際に、出席者の多くが、中学時代は教科書の *Jack and Betty*[*10]、高校・大学になってからは『アメリカ口語教本』(*Spoken American English*)[*11] という参考書を、覚えてしまうくらい勉強していたことが分かりました。

ということは、必要な語彙や定型表現を学習するために、ある程度の暗記も必要になるということです。問題は、なぜこれを覚えることが必要なのかを知っていることと、前後の文脈を考えずに単語だけを取り出してひたすら丸暗記しようとしないで、必ずその単語なり表現なりがどう使われているかコンテクストを知った上で、口に出して言ってみて、手で書いてみて、頭に入れることです。

暗記のための暗記であっては効果が上がらず、無理やり詰め込んでも頭には残りません。そうではなく、コンテクストが分かるような文章を口に出して何度も繰り返して言っているうちに、結果として頭に入ってしまう。そのくらい何度も繰り返すわけです。頭だけで記憶しようとするのではなく、書くことも入れ、体で覚えてしまうと、自分の中に持っている英語のデータベースにしっかり保存することが可能になり、必要に応じて取り出すことができるようになります。

では、覚えておくと良い表現とは何でしょう。例はいくらでもありますが、例えば日本では「受験英語」だと毛嫌いされてしまいそうな、by no means does this mean... という表現などは、覚えておけばリスニングにも役立ちますし、使ってみればなかなか教養のある英語になります。

オリンピックに五大会連続で出場し、二三個の金メダルを獲得した水泳のフェルプス

---

(10) 二〇年以上にわたって刊行され発行部数四〇〇〇万部を超える教科書のベストセラー。開隆堂

(11) William L. Clark 著、研究社発行。シリーズ累計五〇〇万部を超える五〇年にわたるロングセラー

（Michael Phelps）選手はリオ・オリンピックで優勝した後、引退を発表しました。その記者会見での彼の発言に次のような英語がありました。[*(12)]

I am done competing, but by no means does this mean that it's the end of my career. It's the start of something new. And that's something I look forward to.

「私にとって競泳は終わりました。でもだからといって、それが私の水泳人生の終わりを意味するわけではありません。それは新たな何かの始まりなのです。そして私は、その何かを楽しみにしています」

ここでフェルプスが言っていた、something new というのは子育てと子供たちに水泳を教えることだそうですが、それはともかく、私たち英語学習者が気になるのは、by no means does this mean という英語です。

by no means は「決して〜ではない」「全く〜でない」という強い否定の表現で、This is by no means a boring film.「絶対、つまらない映画じゃないよ」のように使います。似たような英語には、not at all/in no way/not in the least/not in the slightest/on no account/under no circumstances などがあります。

その後に続く、強調のための倒置表現は、確かに難しいかもしれません。語順がひっくり返っているので、戸惑います。英語の先生や参考書などの説明で、語順が変わることは倒置（inversion）と呼ばれることが分かります。英語の語順は「主語＋（助）動詞」が原則ですが、時に「（助）動詞＋主語」になることがあって、これは、通常の語順を変えることで語句を強調する目的があるとされます。「倒置」と一口に言ってもいろいろな例がありますが、「否定語句が文頭に置かれると、必ず倒置になる」という説明もされます。**by no means** は否定だから、その後は、will I go along with that decision.「あんな決定には絶対に従わないぞ」になって、I will go along... とはならず、will と I の順序が変わるのです。

うわ、ややこしい、とうんざりしていると、参考書によっては、このような使い方は文語調である、などという説明が付いているので、「ほうら、やっぱり！　こんなの日常会

⑿　NHK「ニュースで英会話」二〇一六年九月一日（木）放送

話には使えないじゃないか」と思いがちです。「受験だからってこんなややこしい英語を勉強しなきゃいけないから、英語をしゃべれるようにならないんだ」と文句の一つも言いたくなります。

ところがです。水泳王者であるフェルプスは、一九八五年六月三〇日に米国メリーランド州で生まれた三一歳（二〇一六年現在）で、若いのに、倒置を使っていました。つまり否定の後の倒置は、決して古めかしい表現ではないのが分かります。

誰であっても、「決して〜を意味するものではない」と言いたい時はあるでしょう。その時にどう表現するかといったら、フェルプスのように、**by no means does this mean...** と言えば良いのです。

でも、これも普段から声に出したり書いたりを繰り返し、しっかり頭に入れておかなければ、いざという時に、使えません。基本を身につけて初めて、「自分らしい英語」を創出できるはずです。

フェルプスと同じくリオ・オリンピックをもって引退した陸上の王者ボルト（Usain Bolt）[*13]は、男子陸上の一〇〇メートル、二〇〇メートル、四〇〇メートル・リレーで三大会連続の三冠を達成した後、こう語っています。

It's just dedication. I have always wanted more. I was never satisfied with what I had. I always wanted more and I kept on pushing myself, because I wanted to be the greatest.

「要は、やる気だよ。僕はいつも、もっと、もっと、と思っていた。現状に満足するんじゃなくて、もっと上を目指して、頑張って努力したんだ。最高の選手になりたかったから」

英語の dedication は「献身」「専念」ですが、ここでは「やる気を出して打ち込むこと」を指しています。push myself とあるのは、「懸命に努力する、頑張る」という意味で使われています。かなり意訳してみましたが、「今ある自分に満足しないで、上を目指して頑張って打ち込む」というボルトの言葉を皆さんに贈りたいと思います。

オリンピックを目指しているスポーツ選手の精進を思いながら、英語学習に励みましょう！

⒀　一九八六年八月二一日ジャマイカ生まれ

第6講　異文化コミュニケーションの専門家

本書は、英語を話せることを目指す学習者を対象にしています。では、学習者として研鑽を積んで英語を話せるようになったら、どのような場で活躍できるでしょうか。少し考えただけでも、いくらでもありそうです。

国際機関、グローバル企業、外資系企業、商社、官庁、地方自治体等々。そう、国内のどのような企業も英語力のある社員を求めているし、研究者もスポーツ選手もジャーナリストも、英語は使います。何しろ英語ができれば、企業によっては給与や待遇、昇進にも差が出るという英語格差の社会なのです。

英語は大きな付加価値になるからこそ、誰もが英語を学ぼうとするのでしょうが、その際に専門家になることを念頭に置いているとは限りません。専門家になることが、それほど得になることではないと知っているのか、狭き門だと考えられているのか、その辺《あたり》は定かではありませんが、多くは本職があり、その範囲で必要な英語を身につけたいということのようです。

それでも英語を学習していくうちに、すっかりのめり込み、英語を使う仕事に就きたい、専門家になりたいと希望する学生も出てきます。いったん社会に出て働いている人でも、キャリアを軌道修正することはあり、新聞記者が同時通訳者に転身した例もあります。

「通訳」と「通訳者」

英語を専門にする職種といえば限られてきます。英語教師（小中高大学、専門学校、予備校、塾など）、英米文学者、英語学者、翻訳者（実務・技術翻訳、字幕翻訳、メディア翻訳、文学翻訳など）、通訳者（会議通訳、司法・法廷通訳、医療通訳、芸能通訳、スポーツ通訳など）、観光ガイド等々。その中で「音声」に特化して専門にしているのは「通訳者」*(1)です。他に「手話」

(1) 通訳についての参考書は何冊もありますが、入門書として以下を挙げておきます。フランツ・ポエヒハッカー（著）鳥飼玖美子（監訳）（二〇〇八）『通訳学入門』みすず書房、鳥飼玖美子（編著）（二〇一三）『よくわかる翻訳通訳学』ミネルヴァ書房

（sign language）を専門にしている「手話通訳者」もいます。

英語では、「通訳する」ことを interpret と言い、「通訳する人」は interpreter と呼びます。日本では「通訳」という行為と、その行為を行う人間である「通訳者」をごっちゃにして、まとめて「通訳」と呼びますが、妙なことです。書いた言葉を訳す（translate）人間は「翻訳者」「翻訳家」（translator）と呼ばれ、決して人間を「翻訳」と呼んだりしません。これは一体なぜなのか不可解です。書き言葉つまり書記言語と話し言葉つまり音声言語に優劣をつけているのでしょうか。

思い当たるのは、日本社会にそこはかとなく漂う「話すこと」への蔑視です。これだけ英語を話せるようになりたい、と日本の多くの人々が異口同音に叫んでいる割には、言葉の端々から「話すこと」を軽く見ている様子が顔を覗かせるので、時として、「話すこと」自体を侮っているから英語を話せないのではないかと思うくらいです。

「あいつはおしゃべりだからな」というのは決して褒め言葉ではなく、ペラペラしゃべるのは軽佻浮薄だとみなす価値観の表れです。「女はおしゃべり」と言う際には、女性への蔑視と話すことへの蔑視が重なっているような印象です。小学生の頃の私の通信簿に「口数が多過ぎます。気をつけましょう」と書いた先生は、おしゃべりを嫌う日本社会で、私がおしゃべりな女性になってしまうことを恐れたのかもしれません。「沈黙は金」「そこまで言ったら身も蓋もない」「言わぬが花」「言わずもがな」「目は口ほどにものを言う」等々、しゃべり過ぎることを戒める格言はいくつも思いつきますが、沈黙を戒める格言や話すことを奨励する格言は、なかなか思いつきません。

そのような価値観が根っこにある社会なので、話すことの専門家である通訳者が正当に評価されず、「通訳」と呼ばれるのかもしれません。「アポロの同時通訳（者）」として一世を風靡した西山千さんは、誠に穏やかな紳士でしたが、「通訳」と呼び捨てにされることを晩年になっても不快がり、私に「〈通訳〉という呼び方はひどいですね。〈通訳者〉と呼んで下さいと、いちいち正していきましょう」とおっしゃっていました。「同時通訳の神様」と呼ばれた國弘正雄さんは、「通訳者は口先労働者だから」と自嘲していましたが、三木首相の秘書官から参議院議員になり通訳の仕事からは離れました。

通訳者の仕事が「口先」では務まらず、内容を理解し異言語で表現することに加え、話者の意図の解釈などを伴う高度に知的な営為[*(2)]であることは、コミュニケーションの複雑性

(2) 鳥飼玖美子（二〇〇七）『通訳者と戦後日米外交』みすず書房

に鑑みればよく分かるはずですが、「話すこと」の重要性が十分に理解されない社会では、「英語がしゃべれれば通訳くらい誰でもできる」という誤った認識につながっていきます。

プロとアマの違い

二〇一六年のリオ・オリンピックでは、日本人選手が大活躍している様子をテレビも新聞も現地から連日伝えました。その中で、"Rio to Tokyo"と題された小さなコラムが目を引きました。「非日常楽しむ　ボランティア」という記事では、オリンピックを支えるボランティアについて取り上げていました。*(3)

試合用具を整えたり、選手を誘導したりするボランティアは、リオでは約五万人を採用したものの、約一万五〇〇〇人が制服一式を受け取ったきり来なくなったり、「きつい」と言って去った人もいたとのこと。リオデジャネイロから約一〇〇〇キロ離れた町の体育教師は、仲間とリオでペンションを借りたけれど宿泊費も交通費もすべて自己負担の「タダ働き」。それでも、「世界に出て行かなくても、この瞬間だけは世界がリオにある。旅行だけよりずっといい経験ができる」と語っていました。閉会式では、ボランティアに感謝の意を表して会場から大きな拍手が送られました。

二〇二〇年の東京オリンピック・パラリンピックでも、大会運営ではボランティアに頼ることになりそうです。二〇一六年八月二九日号の『ＡＥＲＡ』誌は、「大特集：次は二〇二〇ＴＯＫＹＯ」の中で、「あなたも東京五輪に参加できる！　意外に簡単!?」として、「警備から医療、通訳までボランティアは約九万人」と紹介しています。

東京の大会組織委員会が七月に発表したボランティアに求める要件は「コミュニケーション能力がある」「外国語が話せる」「一日八時間、一〇日間以上できる」が素案となっていて、「そんな人材をタダで使うなんて」と反発も起きたといいます。

「ボランティア」は英語では、volunteer です。動詞では「自ら進んで、自発的に何かを

(3)　朝日新聞、二〇一六年八月二一日（日）社会面「Rio to Tokyo 17　非日常楽しむ　ボランティア」（伊木緑）

行う」ことを意味し、名詞では「自ら志願して無償で奉仕する人」を指します。これ自体は素晴らしいことです。オリンピックという、スポーツを通しての平和の祭典で、各国からの選手の世話などを自らの意思で、無償で行い、世界を体験するという楽しみ方もあるでしょう。そして、ボランティア業務の内容が、選手や観客の誘導くらいなら、「ちょっと英語ができる」程度でも務まるでしょう。多くの日本人がオリンピックを目指して英語を勉強し始めているでしょうし、ボランティアを体験することで、英語学習の目標や動機付けが生まれる可能性もあります。オリンピックがきっかけとなりプロ通訳者を目指す若者が増えたら嬉しいことです。

ただ、外国語の仲介をする通訳者をボランティアに頼ることは、慎重に考える必要があると考えています。専門的な訓練を受けていない素人のボランティアには、頼めることと頼めないことがあり、頼んではいけない場合も存在することを知っていただきたいと思うのです。

例えば、何ということもない単語が、コンテクストによって訳語が異なり、一つ間違えば深刻な誤訳になったりします。

クラーク博士の名言「少年よ、大志を抱け」の原文がBoys, be ambitious!であることは人口に膾炙《かいしゃ》していますが、このambitiousには幾つもの日本語が該当しますので、「野心を持て」「野心家であれ」「夢を持て」と訳すことも可能です。

私事になりますが、この単語は私にとって忘れられない言葉の一つです。私は英国の大学院で博士号を取得しましたが、入学して指導教授と初めて打ち合わせをした際に、大学院の規定で可能な最短距離の三年で博士論文を提出したいので、よろしくご指導下さい、と挨拶しました。ずいぶんと強引なようですが、研究テーマはだいぶ前から自分で決めており、二年かけてデータも収集していたので、あとはそのデータを分析して論文を執筆するだけでした。それに、仕事と家庭の両立を考えると悠長にやっていられないという事情があり、大学からサバティカルと呼ばれる有給休暇を与えられた一年間に執筆するしかないと分かっていたので、頑張って三年で修了する、と必死だったのです。これに対して指導教授は、"Rather ambitious."と返しました。これは日本語に訳しにくいのですが、「意欲満々ですね」とか「やる気十分ですね」というところでしょうか。でも、彼の意図したところは、「いくら何でも、それは難しいのではないですか。もっと余裕を持ってやりましょう」ということだったと思います。博士の学位を取得するまでに普通は数年、長ければ八年から一〇年近くかかる場合も珍しくないのですから、せっかちなのに呆れたのでしょうが、「そんなのは無理」と水をかけるのでは私の意欲を削ぐことになるので、直接的に否定はせず、婉曲に控えめにやんわりと「ずいぶんと大胆な計画ですねえ」と言いたかったのでしょう。なるほど、こういう場合にambitiousを使うのかと思いましたが、感心していても仕方ないので、私は、おっとりした指導教授をせっつきながら自分のambitionを貫き、最短距離で博士論文を書き上げました。指導教授は、学位授与式の後、夫人と二人でお祝いの夕食に招いてくれました。

最近も、ambitionという単語を聞きました。オバマ大統領の広島訪問を発表した際にアメリカの政府報道官が、「オバマ大統領のambition」という表現を使って大統領の来日意図を説明したのです。このambitionを、オバマ大統領の「野心」「野望」と訳すか、「念願」「宿願」「夢」と訳すかで、聞く側の受ける印象はかなり違います。辞書には「権力欲」「出世欲」という語義も出ていますが、そんなふうに訳したら外交問題になりそうです。個人的には「核兵器のない世界を実現するという『念願』」と訳すのが妥当ではないかと考えていますが、通訳者は訳語を吟味する時間的余裕のない中、咄嗟の判断で単語を選びます。それでもプロ通訳者が的確な訳語を選択し、話者の意図を反映した訳出をすることができるのは、訓練と日々の勉強に加えて事前に入念な準備を行うなど、たゆまぬ努力の賜物です。

従って、少なくとも公的な場での通訳、重要な場での通訳は、素人のボランティアではなく、プロの通訳者を依頼する必要があり、東京オリンピック・パラリンピックでは当然そのようになされるとは思いますが、準備段階のうちから、より多くの大学・大学院で専門家（professional）を養成するべきでしょうし、多くの国々のように大学院での通訳翻訳プログラムを充実するのが理想的です。

本書で縷々《るる》説明したように、言語コミュニケーションは実は非常に複雑な行為なのです。それを二つの異なる言語で行うためには、言語能力を磨き、加えて異文化コミュニケーションの知見と通訳技術を習得する必要があります。国際会議での通訳をするには専門的な知識も求められますし、その土台となる一般教養も必須です。加えて、通訳翻訳の理論研究も重要です。

海外からの観光客を案内する観光ガイド（通訳案内士 tour guide）は、国家試験で免許を出すことになっており、日本観光協会によれば国家資格を持つ通訳案内士は約六〇〇〇人いますが[*4]、ボランティアという名の無免許のガイドがプロの仕事を奪う結果になるケースも出てきていると聞きます。通訳者にせよ観光ガイドにせよ、プロになるためには、訓練を受け、相当な勉強を積み重ねるわけで、報酬があって当然です。通訳者や観光ガイドの専門性に対し敬意を持つことは、すなわち「ことば」への敬意を持つことになります。

英語に、sense of wonder という言葉があります。自然などの対象に触れることで受ける、ある種の不思議な感動を表現する概念です。環境汚染に警鐘を鳴らした『沈黙の春』[*5]の著者レイチェル・カーソン（Rachel Carson）[*6]の遺作 *The Sense of Wonder*[*7] で知られるようになった言葉で、すべての子供が生まれながらに持っている「センス・オブ・ワンダー」（神秘さや不思議さに目を見はる感性）を、いつまでも失わないで欲しいという、カーソンの願いがこめられています。

邦訳のタイトルがどうなっているか調べたら『センス・オブ・ワンダー』と単純にカタカナになっていたので、日本語に訳しようがなかったのかもしれませんが、私はあえて「畏敬の念」という日本語を使いたいと思います。そして、レイチェル・カーソンが自然について語った sense of wonder を、言語について使い、「ことばに対する畏敬の念」の大切さを語りたい。言語についての神秘さや不思議さに感動する感性があって初めて、外国語学習が実りあるものになると信じているからです。

東京オリンピック・パラリンピック

東京オリンピック・パラリンピックでは、その時期だけボランティアが「非日常」を楽しんで終わってしまうのではなく、「その後」を視野に入れ、せっかくの機会に、言語と文化とコミュニケーションについての理解を深めていただきたい。そして、異なる文化と

(4) 読売新聞、二〇一六年八月二三日（火）夕刊、14面、「しあわせ小箱　八〇歳の現役ガイド」
(5) Carson, Rachel (1962) *Silent Spring*. Houghton Mifflin. 日本語版は『沈黙の春』として一九七四年に新潮社より刊行
(6) レイチェル・カーソン（一九〇七―六四）アメリカ生まれの海洋生物学者であり、ネイチャー・ライター
(7) Carson, Rachel (1965) *The Sense of Wonder*. Harper. 日本語版は『センス・オブ・ワンダー』として一九九六年に新潮社より刊行

言語を橋渡しする異文化コミュニケーションの専門家としての通訳者について、知っていただきたい。それを東京オリンピックのレガシー（遺産：legacy）にできたらと願っています。[*(8)] 特に喫緊の課題が、医療や司法・法廷、行政、教育など暮らしに直結した場における通訳です。その役割の意義は、「情報弱者のコミュニケーションを可能にすることで、基本的人権を保障する」ところにあります。[*(9)]

　訓練を受けていない素人が通訳を担う状況は、医療現場で深刻です。医学や医学用語の知識不足も問題になりますが、外国人患者が持っている治療に関する価値観、医師とのコミュニケーション方法などに文化の違いが表出し、軋轢《あつれき》が生じることの多い医療現場では、二つの言語と文化に精通したプロ通訳者が不可欠です。

　英語ができる医療者は増えていますが、現実に医療を必要とする外国人は英語話者ばかりではありません。多言語での通訳サービスを提供している病院は少数であり、あったとしてもボランティアに依存している状況です。在日外国人の基本的人権を守るためには「コミュニケーションの専門職としての医療通訳士」制度を確立し、二〇二〇年東京オリンピック・パラリンピックまでに、日本全国の主要病院で医療通訳サービスを受けられる態勢が急務である、[*(10)] と指摘されている所以です。

さらに言えば、医療通訳士には、医学や薬学という理系の知識と、言語やコミュニケーションという文系の知識を包含した教養が求められることから、医学系と言語系の大学・学部が連携しての教育が理想的です。

プロ通訳者養成には、息の長い取り組みが必要となるわけですが、これは法廷通訳についても同じです。医師と患者の対話を訳す医療通訳と異なり、法廷通訳は公的な場で種々の関係者の発言をすべて通訳します。裁判では通訳人として宣誓し、報酬も支払われます。しかし、資格認定や研修などの制度は未整備です。裁判員裁判制度の導入で通訳人の負担が増している問題[*(11)]、警察や裁判所で被告人・被疑者の母語を使う権利をどのように保

---

(8) 鳥飼玖美子（二〇一六）「在日外国人　守る通訳者」、日本経済新聞、二〇一六年一〇月二三日（日）19面「今を読み解く」

(9) 水野真木子・内藤稔（二〇一五）『コミュニティ通訳——多文化共生社会のコミュニケーション』（みすず書房）に詳しい

(10) 李節子（編著）（二〇一五）『医療通訳と保健医療福祉——すべての人への安全と安心のために』杏林書院

(11) 水野かほる・津田守（編著）（二〇一六）『裁判員裁判時代の法定通訳人』大阪大学出版会

障し、「倫理」「正確性」「等価」などをどう扱うかなど、法曹関係者と通訳専門家が協力しての制度作りが欠かせません。*(12)

言葉通りに訳すだけでは、裁判所が求める「忠実な訳」にはならず、文化的な差異を考慮して語用的な等価を追求するには通訳者の解釈が不可避であることなど、「訳す」という現象を学術的に解明した分析結果が広く知られることが望まれます。

同時に、英語以外の外国語を含めて幾つもの言語で優秀な通訳者を育成することも忘れてはなりません。殺人未遂罪などに問われた元日本赤軍メンバーに対する東京地裁の裁判員裁判で、インドネシア語の法廷通訳人が約二〇〇ヵ所にわたる誤訳や不自然な訳をしていた問題を論じた読売新聞の社説「法廷通訳人　誤訳は冤罪の危険性をはらむ」(二〇一六年一一月二九日)では、次のように指摘しています。

「裁判員裁判では、法廷での口頭のやりとりが重視され、一つ一つの言葉が裁判員の心証形成に大きな影響を及ぼす。誤訳は、被告の防御権を揺るがし、冤罪につながる危険性をはらむ。

各地の裁判所には4月現在、61言語で3840人の法廷通訳人が登録されている。

裁判官の面接で採否が決まるが、統一的な試験などはなく、資格も存在しない。
昨年中に1審が終結した外国人被告のうち、7割の約2700人に通訳人が付き、39の言語が用いられた。それらが正しく訳されたのかどうか、チェックする仕組みはない。誤訳が全くなかったと、言い切れるだろうか」

社説では、再発防止策として「複数の通訳人で、訳した内容を点検し合う仕組みの導入」を提案し、最後に「不足している少数言語の通訳人を確保するため、大学などとの連携強化も欠かせない」と締めくくっています。

その通りですが、昨今の大学は、政府が推進する「グローバル人材育成」政策の影響で英語一辺倒となり、「少数言語」の教育などは話題にさえならない雰囲気です。人文社会学系分野の軽視と相まって、大学における外国語教育が「英語で戦う企業戦士」育成を目指し、TOEFL／TOEICなど英語検定試験のスコアを上げるための実利教育と化している現状では、各言語における通訳者養成などは夢物語です。大学における教育を、よ

⑿ 渡辺修・水野真木子（二〇一五）『法廷通訳人の倫理』松柏社

り長期的な視野で再考することも、オリンピックの遺産《レガシー》とできないだろうかと考えてしまいます。

オリンピックでは、開催都市が文化プログラムを実施することが五輪憲章で義務付けられており、東京は二〇二〇年を見据えて「東京・日本の魅力発信事業」をリオデジャネイロで始めたとのことですが、ブラジルでは英語がほとんど通じないのに「英語の説明や通訳しかない」ことが報道されました。*(13) ブラジルには二〇〇以上の言語*(14)があるとされますが、公用語はポルトガル語で、正式文書はポルトガル語を使用すると決められているのに、大学間の協定文書を英語にするべきだと主張しブラジル側を困らせた日本の大学もあるなど、「英語は国際語」だという思い込みが強いのが最近の日本です。

しかし世界は多言語共存の国が多い上、グローバル化は多言語化を加速します。グローバル化によって人や情報が国境を越えて移動すれば言語や文化が世界中で拡散していくわけで、日本も例外ではありません。英語さえできれば異文化コミュニケーションの問題が解決するわけではないのです。しかもグローバル化が行き着いた先は各国・各地域の文化至上という現象で、グローバリゼーションの逆流に世界が覆われつつある現在、多言語・

多文化が拮抗《きっこう》する傾向は一層強くなっていると考えられます。

東京オリンピック・パラリンピックは、そのような多言語多文化に彩られている世界の現実に目を開く機会になって欲しいものです。そして、オリンピックを契機として、ことばに畏敬の念を抱き、コミュニケーションの重みを知り、それを扱う専門家を育てる機運が高まってこそ、日本は多言語多文化共生社会として脱皮し、持続可能な人類の未来に貢献することが可能になるのではないでしょうか。

そのような目標へ向けての第一歩として英語学習を捉えれば、それは大きな意味があると感じています。

(13) 朝日新聞、二〇一六年八月二二日（月）社会面「Rio to Tokyo 18 日本文化の魅力 伝わってる?」（守真弓）
(14) 黒澤直俊（二〇〇二）「ブラジルの言語」、富野幹雄・住田育法（編）『ブラジル学を学ぶ人のために』世界思想社

第7講　これからの英語学習

(1)異文化コミュニケーションのための英語

英語は異文化コミュニケーションのため、というのは当たり前のように思われていま す。もっと言えば、日本では「異文化コミュニケーション」とは「英語」とさえ考えられているようです。ところが、これは大きな誤解なのです。

「異文化コミュニケーション」というのは、異なる文化的背景を持った人々が出会い、コミュニケーションをとることを指し、その際に起こるさまざまな誤解や摩擦などを分析し、解決方法を探求するのが「異文化コミュニケーション学」という研究分野です。異なる文化には、世界のありとあらゆる文化が含まれますから、関係してくる言語も多様で、英語とは限りません。

そして、コミュニケーションには、ことばを使う「言語コミュニケーション」だけではなく、身振りや表情や行動など、ことばではない「非言語コミュニケーション」も含まれます。エドワード・T・ホールという学者は『沈黙のことば』[*(1)]（*The Silent Language*）という書で、時間や空間に関する意識がどれだけコミュニケーションに影響を与えるかを説明しました。人が相手を判断する際には、何を話しているかより、どう話しているか、口調や態度や振る舞いなど、非言語が重要な位置を占めているともされます。

つまり、「異文化コミュニケーション」とは、言語も非言語も含めた文化全体が関わるコミュニケーションなので、日本人同士であっても、地域差、男女の違い、年代の差、職種の違い等々によって、異文化コミュニケーションは生起します。さらに言えば、世界が反グローバリゼーションへ向かいつつある中で、多文化共生はこれまで以上の大きな課題となり、それはすなわち異文化コミュニケーションの果たす役割がますます重くなることを意味します。

---

(1) エドワード・T・ホール（著）國弘正雄他（訳）（一九六六）『沈黙のことば――文化 行動 思考』南雲堂

共通語としての英語

それでは、英語と異文化コミュニケーションとの関係はどうなるのでしょう。

異文化コミュニケーションと英語が密接な関係を持っているのは確かです。それは近年のグローバル化によって国境を越えて人や情報が自由に往来することにより、世界のどこであれ異文化コミュニケーションが日常茶飯事になっていること、そのような現代世界では英語が共通語として機能していることから、異文化コミュニケーションに使われる言語は、共通語としての英語が多いことによります。

ここで大切なのは、「国際共通語としての英語」という点です。ひと昔前までの英語は、英語圏の言語であり、私たち日本人が英語を学ぶ目的は、異文化理解と言っても具体的には英米文化理解、カナダやオーストラリアを入れれば英語圏文化を理解することを意味していました。そして、そのために学ぶ英語は、英語を母語とする人々を目標として、なんとか一歩でもネイティブ・スピーカーに近づこうと発音を真似たり慣用句を覚えたりしました。

しかし、グローバル時代の「国際共通語としての英語」は、そうではありません。『国際共通語としての英語』で詳しく説明した通り、共通語としての英語は、非母語話者と母語話者の対話だけでなく、むしろ確率的には非母語話者同士が、共通語として英語を使い、意思疎通を図るものです。相手が母語話者とは限らないということは、ネイティブ・スピーカーのような英語を話す必要はなく、お互いに外国語である英語を使って仕事をしたり親交を深めたりすることになります。

これまでは、ネイティブ・スピーカーをモデルとして、あのように話さなければと思い、あんなふうに話したいと願って、英語を学び、「正確な英語」「流暢な英語」を目指して英語を学んできたわけですが、国際共通語としての英語は、もはや母語話者の話す英語に縛られず、大事なのは、相手に通じるような英語、つまり「分かりやすさ」(intelligibility)が決め手となります。これはパラダイム・シフトと言って良いくらいの転換です。ネイティブ・スピーカーの規範が私たち非母語話者の英語を決めるのではなく、私たちは外国語であり共通語である英語を、自分たちの目的に応じて、自分なりに自分らしく使いこなしていけば良いのです。「ネイティブは、こう言う」という指南書や指導は、時代遅れになりつつあります。

無論、これはハチャメチャ英語で構わない、という意味ではありません。英語として理解してもらうためには、英語を英語たらしめている発音や文法や語彙などについての基礎的な学習は必須です。その上で、実際に英語をコミュニケーションに使う際には、いつまでも「ネイティブ英語」にこだわらず、自分らしい英語で語る、というのが、国際共通語としての英語です。

「異文化」とは、どの文化か

「国際共通語としての英語」を異文化コミュニケーションの視点から考えてみると、ジレンマもあるのに気づきます。

異文化コミュニケーションのための国際共通語としての英語、それは当然のように思えます。そして「異文化コミュニケーション」を可能にするには、「異文化理解」が前提となるはずです。ところが「国際共通語としての英語」は、英語圏だけでなく世界中の人々が使う英語ですから、英米文化だけ理解していたのでは間に合いません。世界には、ありとあらゆる文化があり、一つの国の中にいくつもの言語や文化が共存していることも珍しくありません。

では、「国際共通語としての英語」が闊歩する時代の「異文化理解」「異文化コミュニケーション」とは、どこのどのような文化を対象にしたらよいのでしょうか。これは、教育であれ観光であれビジネスであれ、必ず直面するジレンマかもしれません。

異文化コミュニケーション研究の立場からの答えは、「どの文化でもない」ということになります。特定の文化に焦点を当てる必要はなく、「異なる文化に邂逅《かいこう》した際に何が起こるか」を問題にすれば、「異質性」「他者性」が理解の対象として浮かび上がります。

自分とは違う他人は、「他者」であり「異質な存在」です。つまり、自分とは異なる存在と何らかの接点を持ち、理解し、交流しようとするのが異文化コミュニケーションなのです。他人を理解することなど本来的には無理なのですが、人間は理解しようと努めて相互の関係を構築していきます。異文化も同じです。理解することなど無理で、「違いがある」ことを認識するのが精一杯なのですが、その上で、果敢に他者と相互理解を求めてコミュニケーションをとるのが異文化コミュニケーションです。

先に、「コミュニケーションは言語と非言語からなっている」と説明しましたが、異文化コミュニケーションの場合は、非言語だけでは間に合いません。ジェスチャーというのは文化によって付与される意味が違うので、身振りで表現するだけでは不十分です。ある文化のジェスチャーは他の文化には存在せず理解されない場合がありますし、もっと怖いのは、同じ身振りなのに正反対の意味になる場合が結構あることです。そうなると、どうしても言語で補強しなければなりません。しかし、二つか三つの外国語ならともかく、世界のすべての言語を学ぶわけにはいかないので、異文化コミュニケーションの場合は、共通語としての英語を使うということになります。異文化コミュニケーションと英語が密接に関わってくるのは、まさにこの一点にあります。視点を変えてみれば、英語を学ぶ際には、世界の多彩な文化を相手にする異文化コミュニケーションが目的であると意識することが、大切になってくるのだと考えています。

(2)ポケモンＧＯから未来の英語学習を考える

世界中でポケモンＧＯが大人気で、大きな話題になっています。スマートフォンのＧＰＳ（Global Positioning System）でプレーヤーの位置を追跡し、カメラに映った景色に現れるポケモン（pocket monster）を捕まえたり、育てたり、対戦させたりするというゲームです。ゲームをしている人が動き回るとスマートフォンに映る画像も動き、そこにアニメのキャラクターが出てくるので、現実と架空の世界が融合したゲームの世界が新しく、世界中の人たちが病みつきになりました。中には夢中になったあまり、池に落ちたり交通事故を起こしたり危険な場所に入り込んだりという問題も起きていることから、日本では配信前から政府が、歩きスマホをしないよう注意し、最近は運転中のスマホ使用を規制しようという声があがるなどの騒ぎになっています。

最初は関心がなかった私は「ニュースで英会話」で取り上げてから興味が湧き、*(2) 早速、ダウンロードしてみました。ゲームの画像にいきなり現実の世界が映し出されたと思ったら、そこにいろいろなキャラクターが現れるという奇抜さで、渋谷の公園通りでポケモンを一匹捕まえてから、すっかりはまってしまいました。ゲーム自体も面白いのですが、番組でNHK解説委員の中谷日出さんから聞いた話に惹きつけられました。

ポケモンGOを可能にしているAR（Augmented Reality：拡張現実）という技術は、ス

---

(2) NHK「ニュースで英会話」二〇一六年七月二八日（木）放送JAPAN CAUTIONS OVER POKEMON GO「ポケモンGO 安全に注意喚起」

マートフォンなどの情報機器を使って現実空間を映し出し、そこにコンピューターグラフィックスなどの映像や画像を合成するものです。

「拡張現実」を英語では、augmented reality と言いますが、なぜ augmented という単語が使われているのか不可解でした。augment という英語の意味は、「(価値や数量、効果などを)増大させる、高める」で、あまりピンとこなかったのですが、現実の世界にコンピューターによる情報を付加することで、現実を広げ、価値を高めるという意味のようです。

ちなみに、「仮想現実」(Virtual Reality)は、現実にはないものをコンピューターによって、あたかもそこにあるかのように知覚させる技術のことで、ＡＲは現実に存在するものに対してコンピューターが情報を付与し、さらに強く深い知覚を可能にすることです。これからの世界は、ＡＲだと言う中谷解説委員に、ポケモンＧＯのようなゲーム以外に用途があるのか聞いたところ、これがいくらでもあるようなのです。

例えば、広告です。専用のアプリをスマートフォンに入れてかざすと、広告に関連した映像が映し出されます。ＣＤジャケットにスマートフォンをかざすと、ジャケットから歌手が出てきて音楽が流れたりメッセージが流れたりするわけです。観光地では、実際の風景にさまざまな説明が加わったり、海外からの観光客には各国語での説明が風景に合わせて画像に流れて案内してくれるなど、観光ガイドの役割まで担ってくれます。ミュージカルや演劇でも、一人一人の観客に対してセリフや歌詞が流れるので、外国語でも理解できて舞台を楽しむことができます。

今はスマートフォンを使っていますが、やがてメガネのような機器（wearable）に情報が合成されるようになると、近い将来、社会を全く変える可能性があるようです。

医療の世界では、手術時にコンピューターグラフィックスで作られた臓器などを合成し、より正確な処置ができるようになり、患者の情報を表示してより良い看護ができるようにもなります。服用している薬の成分や量などが表示され医療者だけでなく患者が自身で確認することができるなど、医療行為の補助として威力を発揮するようです。メガネなら両手が空くので、名医の執刀をメガネで確認しながら手術をすれば、新米の医師でも心配なく手術ができるなど、これまでの医療の常識を超える世界が広がるようです。

外国語学習にしても、苦労して単語など暗記しなくても、各国語が自在にメガネに映し出され、どの言語にも即時に通訳翻訳が可能になるという未来図がARで可能になると知り、考え込んでしまいました。将来的に外国語教育のあり方や通訳翻訳についても、これまでとは異なる視点から考えていかねばならないわけです。

番組での結論は、「これからは知識やスキルの習得は不要で、情報の海から必要な情報を探し出し活用する能力が問われる」ということでした。

英語教育の視点から言えば、英語をある程度まで話したり、日本語から訳したりすることがＡＲで可能になるということは、これまでのように必死になって単語や慣用句などを暗記したり、流暢に話せるようにセンテンスを覚えて練習する必要はなくなるのかもしれません。誰か一人、極めて高い英語力のある人がいれば、その他大勢は、その人の英語を取り込んでしまえば良いわけです。でも、その一人を育てるためには、相当に優れた教育が必要でしょうし、その人の英語の良し悪しを判断する力は誰もが持っていないと、使いこなせないことになります。

また、決まった場面での英語ならＡＲで可能になるとしても、最後まで人間の英知が求められるのは「異文化理解」や「異文化コミュニケーション」ではないかという気がします。

人工知能（ＡＩ）や拡張現実（ＡＲ）の発達によって、社会は根底から変革しそうです。知識やスキルは最低限の基礎があれば十分で、情報を正しく選択できるような批判的思考（critical thinking）能力を備えた人間が必要になる時代が間近に迫っているとすれば、そのような世界に生きることになる若者を、どう育てていくか。その点こそが、今の大人が考えなければならない課題で、教育の役割を見直す時が来ているのかもしれません。

英語学習でも、教師は何をどこまで教えれば良いのか議論する必要がありそうですし、学習者の自律性はますます重要になるだろうと、改めて思います。

あとがき

この本は、前書である『本物の英語力』の続編です。『国際共通語としての英語』（二〇一二）と合わせて三部作としての位置付けとも言えます。

『本物の英語力』は二〇一六年二月に刊行し、おかげさまで累計一〇万部を超えるほど多くの方々に読んでいただきました。そして、書名と同じ演題で講演して欲しいというご依頼も相当数ありました。可能な限りお受けしてさまざまな方々の読後感想などを伺ったところ、共通している悩みが「英語を話したいのに話せない」という点でした。そこで考えたのが、前書は「英語を学ぶための方略」に主眼を置いていたけれど、今度は「英語を話すための方略」に焦点を絞ろうということでした。

前書は、いわば一気呵成に書き上げたのですが、今度の本は、どれを入れ、どれを捨て、どのような例を入れるかなど、あれこれ悩みました。異文化コミュニケーションの視点、社会言語学の知見などを、専門的になり過ぎることなく、分かりやすく書こうと努めたつもりです。ただ、執筆中に世界は大きく動きました。英国のＥＵ離脱や米国の大統領選挙などに見られる反グローバリゼーションの潮流。そして、人工知能（ＡＩ）、拡張現実（ＡＲ）、機械翻訳、自動通訳などの技術発展。そのいずれも、これからの言語とその教育の未来を左右するもので、書きながら、考え込むこともしばしばでした。さらには、英語を話すことに自信を持っていただきたいと念じつつ、同時に、それは決して簡単なことではないという現実もお伝えしたいと考え、その間で揺らぎながら書きました。

昨年の晩秋には脱稿しながら、校正段階で大幅に修正を入れ、編集担当の岡部ひとみさんには大変お手数をおかけしました。講談社現代新書編集長の青木肇さんには、貴重なご意見を頂戴するなど、お世話になりました。お二人に心からお礼を申し上げる次第です。

この「あとがき」を書いている二〇一七年一月二日は、箱根駅伝（第93回東京箱根間往復大学駅伝競争）往路の日でした。筆を休めてテレビ中継を観ていたら、箱根の山上りの五区で青山学院大学の貞永隆佑選手が先頭を走っており、これまで二年連続優勝の同大学ＯＢがゲストとして解説していました。三代目「山の神」と呼ばれた神野大地さんです。アナウンサーが「走っている時は、どのくらい前を見ているんですか？」と聞いたところ、「すぐ前を見て走ります。あんまり先を見ちゃうと、イヤになったりするから」と答えました。意外でした。運動は水泳しかできない私は、根拠もなく、ずっと先を見て走るのだと思い込んでいたからです。特に、あまり先の方を見るとイヤになる、という本音が印象的でした。そして、ふと、英語学習も同じではないかと思いました。大きな夢を持つことは大切だけれど、すぐには届かないような目標を立ててしまうとイヤになってしまうかもしれません。それよりはすぐ前に、ちょっと走れば届くような目標を立てて、ともかく走る。海風が吹いてきたり、上り坂の山道になったり、楽ではありませんが、次の目標まで休まず走り続ける。そんな努力を積み重ねていくうちに、やがて「自分の言いたいことを英語で話せる」というゴールに到達するはずです。

そのような願いを込めて書いたささやかな本書が、日本人が英語を話す上で少しでもお役に立てたら、そして日本が多言語多文化共生社会として変貌することに貢献できたら、望外の幸せです。

二〇一七年一月

鳥飼　玖美子

講談社現代新書　2411

話《はな》すための英《えい》語《ご》力《りょく》

二〇一七年二月一四日第一刷発行

著者　鳥《とり》飼《かい》玖《く》美《み》子《こ》

発行者　鈴木　哲

発行所　株式会社講談社

東京都文京区音羽二丁目一二—二一　郵便番号一一二—八〇〇一

電話　〇三—五三九五—三五二一　編集（現代新書）

〇三—五三九五—四四一五　販売

〇三—五三九五—三六一五　業務

装幀者　中島英樹

印刷所　凸版印刷株式会社

製本所　株式会社大進堂

定価はカバーに表示してあります　Printed in Japan

N.D.C. 837　222p　18cm

ISBN978-4-06-288411-2

「講談社現代新書」の刊行にあたって

教養は万人が身をもって養い創造すべきものであって、一部の専門家の占有物として、ただ一方的に人々の手もとに配布され伝達されうるものではありません。

しかし、不幸にしてわが国の現状では、教養の重要な養いとなるべき書物は、ほとんど講壇からの天下りや単なる解説に終始し、知識技術を真剣に希求する青少年・学生・一般民衆の根本的な疑問や興味は、けっして十分に答えられ、解きほぐされ、手引きされることがありません。万人の内奥から発した真正の教養への芽ばえが、こうして放置され、むなしく滅びさる運命にゆだねられているのです。

このことは、中・高校だけで教育をおわる人々の成長をはばんでいるだけでなく、大学に進んだり、インテリと目されたりする人々の精神力の健康さえもむしばみ、わが国の文化の実質をまことに脆弱なものにしています。単なる博識以上の根強い思索力・判断力、および確かな技術にささえられた教養を必要とする日本の将来にとって、これは真剣に憂慮されなければならない事態であるといわなければなりません。

わたしたちの「講談社現代新書」は、この事態の克服を意図して計画されたものです。これによってわたしたちは、講壇からの天下りでもなく、単なる解説書でもない、もっぱら万人の魂に生ずる初発的かつ根本的な問題をとらえ、掘り起こし、手引きし、しかも最新の知識への展望を万人に確立させる書物を、新しく世の中に送り出したいと念願しています。

わたしたちは、創業以来民衆を対象とする啓蒙の仕事に専心してきた講談社にとって、これこそもっともふさわしい課題であり、伝統ある出版社としての義務でもあると考えているのです。

一九六四年四月　野間省一